Goldmann Ratgeber

Dagmar von Berg

So lerne ich reiten

Die Grundtechniken für den Anfänger

Unter Mitarbeit und mit 78 Illustrationen
von Ulrik Schramm

Originalausgabe

Wilhelm Goldmann Verlag

1. Auflage Juli 1978 · 1.– 6. Tsd.
2. Auflage März 1979 · 7.–11. Tsd.

Made in Germany 1979

Umschlagentwurf: Creativ Shop, A. + A. Bachmann, München
Umschlagfoto: Kerth/Mauritius, Mittenwald
Zeichnungen: Ulrik Schramm, München
Satz: IBV Lichtsatz KG, Berlin. Druck: Presse-Druck Augsburg
Verlagsnummer: 10731
Lektorat: Gerda Weiss · Herstellung: Peter Sturm
ISBN 3-442-10731-8

Inhalt

Vorwort

Die schönste Eroberung,
die der Mensch jemals gemacht hat,
ist die Zähmung
dieses stolzen und feurigen Tieres,
des Pferdes.
Buffon

Reiten ist auf dem besten Wege, ein Volkssport zu werden. Doch diese Entwicklung hat erst vor ein paar Jahren eingesetzt. Als ich noch ein Kind war, galt Reiten als ein exklusives Hobby, und wer gar ein Pferd sein eigen nennen konnte, durfte sich einer Elite zurechnen. Nicht umsonst gab es den Begriff des »Herrenreiters«.

Deshalb bin ich noch heute dankbar, daß mein erster Kontakt mit dem Pferd schon in die frühe Kindheit fiel. Ich hatte das Glück, daß sich in der Nähe meines Elternhauses mehrere Gestüte befanden; so grasten auf den Wiesen der Umgebung sommers wie winters Dutzende von Pferden. Trotzdem: Als ich zum erstenmal auf einem Pferderücken saß, legten sich meine Schenkel um – ein Schaukelpferd. Das tat meiner Freude und meinem Stolz aber keinen Abbruch. Das Schaukelpferd blieb lange Zeit mein Liebling, bis ich als Zwölfjährige endlich die Erlaubnis erhielt, einen Reitkurs zu besuchen. Meine Begeisterung kannte keine Grenzen. Weil mein Vater vermutlich der Gefahr vorbeugen wollte, daß ich auch noch im fremden Reitstall übernachte, kaufte er mir knapp ein Jahr später ein eigenes Pferd, das einen Stall in unserem Garten erhielt (in den dann noch ein weiteres Pferd einzog). Seitdem ist Reiten für mich zur Passion geworden. Und dies, obwohl mir die »bitteren« Seiten dieses Sports nicht erspart blieben. Da Laska noch nicht zugeritten war, sah ich anfangs mein Pferd zumeist nur aus der Froschperspektive… Wochenlang genossen habe ich – wie alle Anfänger – die wundgescheuerte »Sitzfläche«… Einmal mußte ich bei 2 °C Außentemperatur klatschnaß und vor Kälte zitternd fast eine halbe Stunde nach Hause reiten, weil es meiner »Kameradin« eingefallen war, mich aus reinem Übermut mal eben in einen Bach zu stoßen. Aber bevor ich mich daheim in das heiße Badewasser setzte und meinen Grog trank, habe ich brav und ohne Rachegedanken mein Pferd »versorgt«… Einen meiner Urlaube verbrachte ich statt an der See im Krankenhaus, weil ich mich vor der Abreise noch einmal mit ein paar Runden in der Bahn von meiner Laska verabschieden wollte; dabei buckelte sie plötzlich, und ich, die ich wohl in dieser Sekunde nicht voll auf das Reiten konzentriert war, flog aus dem Sattel. Und zu meinem großen Entsetzen trug ich gerade an diesem Tage keine Reitkappe. Mein sträflicher Leichtsinn bereitete mir im nachhinein viel Kopfschmerzen.

Ich erzähle dies alles, weil ich Ihnen darstellen möchte, daß Reiten zwar der herrlichste Sport und das schönste Freizeitvergnügen sein kann, daß aber damit auch Mühen und Gefahren verbunden sind. Vor dieser Tatsache darf vor allem der Anfänger seine Augen nicht verschließen. Er muß wissen, worauf er sich einläßt. Um den Reitsport zu betreiben, genügt es nicht, daß man Begeisterung *fürs* und Liebe *zum* Pferd hegt. Beharrlichkeit, Ehrgeiz, Fleiß, Tatkraft, Einfühlungsvermögen, Standhaftigkeit und ein gewisses Maß an Schneid und Verantwortung gehören ebenso dazu.

Und dann die »Fachsprache«! »Jeder Beruf ist eine Verschwörung gegen den Laien«, urteilte *Churchill.* Vielleicht hat er diese Bemerkung sogar im Hinblick auf die Reitersprache gemacht. Es geht nämlich schon damit an, daß ein Pferd keinen Schwanz, sondern einen Schweif hat. Und wenn ein Pferd »bügelt«, so hilft es nicht etwa – was geradezu ideal wäre – im Haushalt mit, sondern es macht im Trab, gelegentlich auch im Schritt, eine seitlich ausladende, schaufelnde Bewegung mit den Vorderbeinen. Das und noch viel mehr müssen Sie verstehen, wenn Sie mit Reitern umgehen. Da gilt es beinahe zu büffeln – wie einstmals die unregelmäßigen Verben in der Schule.

Vielleicht entgegnen Sie mir jetzt, daß gerade beim Reiten allein die Praxis entscheidet. Das ist zweifellos richtig. Doch dem Handeln muß eben das Wissen vorausgehen. Theorie und Praxis sind – wie so oft im Leben – untrennbar miteinander verbunden. Deshalb kann ich an dieser Stelle *Rudolf G. Binding* auch nur bedingt zustimmen, wenn er in seiner ansonsten so vergnüglichen und lesenswerten »Reitvorschrift für eine Geliebte« warnt: »Lies nicht in Reitvorschriften und lerne nicht von Bereitern. Sie verstehen nicht mehr als ihr Handwerk. Reiten aber ist kein Handwerk, sondern eine Kunst. Reitvorschriften gewöhnlicher Art sind wie Klavierschulen; sie lehren das Reiten als eine Fertigkeit, die man erlernen kann: wie das Nähen und Strümpfestopfen. Horche in dein Pferd hinein wie in ein kostbares Instrument: wie *Elly Ney* in ihren Flügel, wie *Busch* in seine Geige, wie *Barjansky* in sein Cello. Das wird dich seltsame Dinge lehren, von denen keine Reitschule, kein Reitlehrer etwas weiß.«

Der Anfänger wird nie ohne den Reitlehrer auskommen. Deshalb darf auch dieses Buch nicht so verstanden werden, als könne es die Reitschule ersetzen. Mein Buch will Berater und Helfer sein. Meine Absicht war: Wer das Buch vor Beginn des Reitunterrichts liest, soll nach der Lektüre in der Lage sein, mit der richtigen Einstellung zur Psychologie des Pferdes und zur verpflichtenden Aufgabe des Reitsports die erste Unterrichtsstunde hoch zu Roß zu absolvieren (und sich dadurch naturgemäß leichter tun). Wer nun das Buch als Begleitlektüre zu den Erläuterungen und Erklärungen des Reitlehrers nimmt, kann die Praxis in der Theorie nachvollziehen und vertiefen und somit viel schneller erkennen und begreifen, worauf es ankommt und was die Eleganz des vollendeten Reitens ausmacht.

Ich habe mich an die anerkannten Reitvorschriften, an die »Richtlinien für Reiten« der Deutschen Reiterlichen Vereinigung (FN = Fédération Nationale) und an die »Allgemeinen und Besonderen Bestimmungen« der Internationalen Reiterlichen Vereinigung (FEI = Fédération Equestre Internationale), gehalten – und meine eigenen Erfahrungen aus jahrelanger Praxis mitverwertet.

Wenn es mir gelungen ist, die Grundtechniken des Reitens in einer aufgelockerten, aber doch pragmatischen Form zu vermitteln, wenn sich der Anfänger angesprochen fühlt, weil er das Buch aus seiner Sicht geschrieben sieht und die gegebenen Ratschläge als für ihn nützlich empfindet – dann habe ich das mir selbst gesteckte Ziel erreicht.

In diesem Sinne »Hals- und Beinbruch« (das ist wirklich ein Reitergruß!) oder – damit ich etwas freundlicher schließe – »Guten Ritt!«

DAGMAR VON BERG

Das Pferd – sein Skelett und sein Äußeres

Niemand schätzt allzuviel Theorie. Aber nirgends kommen Sie ganz darum herum. Bevor Sie ein Auto sicher lenken können, müssen Sie in Kursen Verkehrsregeln, Funktionen des Motors usw. erlernen. Der Umgang mit dem Pferd – im Gegensatz zum Auto ein lebendiges Wesen – setzt genauso voraus, sich zuerst mit seinem »Innenleben« zu beschäftigen.

Auf der Illustration (S. 12) sehen Sie das *Skelett* des Pferdes. Natürlich brauchen Sie nicht jeden Knochen zu kennen (schließlich wollen Sie ja Reiten lernen und kein Zoologiestudium beginnen); Sie sollten sich den Aufbau und das Zusammenwirken aber wenigstens im Überblick einprägen.

Eingehender beschäftigen müssen Sie sich mit dem *Exterieur* (dem Äußeren) des Pferdes. Erstens wird es Ihnen dann leichter fallen, die Fachsprache der Reiter zu verstehen und sich einzuprägen. Daran führt nämlich kein (Reit-)Weg vorbei. Zweitens werden Ihnen im Laufe Ihrer Reitpraxis die Kenntnisse des Exterieurs die Bewegungsabläufe des Pferdes und deren auslösende Faktoren verständlicher werden lassen.
Wie die einzelnen *Körperteile* bezeichnet werden, sehen Sie auf der Abbildung (S. 13).

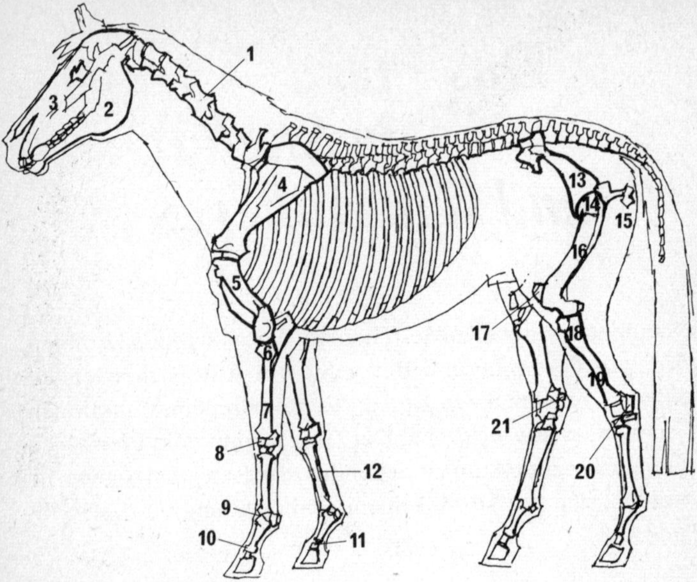

Das Skelett des Pferdes

1. Wirbelsäule
2. Unterkiefer
3. Oberkiefer
4. Schulterblatt
5. Oberarmbein
6. Ellenbogengelenk
7. Unterarmbein
8. Vorderfußwurzelgelenk
9. Fesselgelenk
10. Kronengelenk
11. Hufgelenk
12. Griffelbein
13. Darmbein
14. Hüftgelenk
15. Sitzbein
16. Oberschenkelbein
17. Kniescheibe
18. Kniegelenk
19. Unterschenkelbein
20. Sprunggelenk
21. Fersenbein

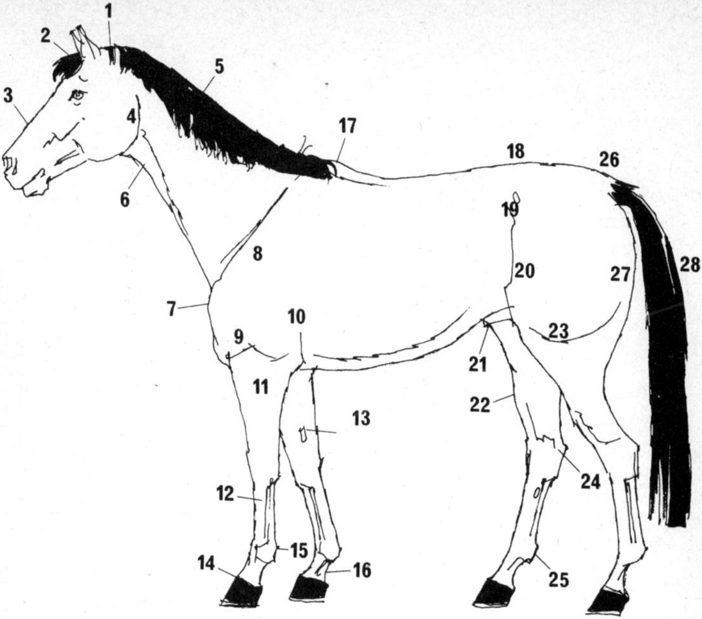

Das Äußere des Pferdes

1. Genick
2. Schopf
3. Nasenrücken
4. Gamaschen
5. Mähnenkamm
6. Kehlgang
7. Bugspitze
8. Schulter
9. Oberarm
10. Ellenbogenhöcker
11. Unterarm
12. Röhren
13. Kastanie
14. Hufkrone
15. Fesselkopf
16. Fessel
17. Widerrist
18. Lende
19. Hüfte
20. Flanke
21. Euter (bei Stuten)
    Schlauch (bei Hengsten und Wallachen)
22. Hanken
23. Knie
24. Sprunggelenk
25. Köten
26. Kruppe
27. Oberschenkel
28. Schweif

Anatomisch gesehen werden die Körperteile des Pferdes in drei Hauptgruppen zusammengefaßt:

1. Vorderhand,
2. Mittelhand und
3. Hinterhand.

Zur *Vorderhand* gehören:
Kopf, Hals, Brust, Schultern, Widerrist und Vorderbeine.

Zur *Mittelhand* zählen:
Rücken, Bauch, Lenden und Flanken.

Zur *Hinterhand* rechnen:
Kruppe mit den Hüften, Hinterbeine und Schweif.

Wenn Sie allerdings in der Reiter-Umgangssprache die Begriffe »Vorderhand« und »Hinterhand« hören, so sind damit stets die Vorder- bzw. Hinterbeine des Pferdes gemeint. Das Äußere des Pferdes unterscheidet sich nach Rasse, Veranlagung und Geschlecht. Darauf im einzelnen einzugehen würde im Rahmen dieses Buches zu weit führen. Sollten Sie sich aber dafür interessieren, so gibt es genügend einschlägige Literatur, um Ihre Wißbegierde zu stillen.

Nun noch eine kurze Anmerkung. Ich erwähnte auch das *Geschlecht* des Pferdes. Wenn Sie es noch nicht wissen sollten:

Das weibliche Pferd nennt man *Stute*.
Das männliche wird als *Hengst* bezeichnet.
Ein kastrierter Hengst ist ein *Wallach*.
Ein »Pferdebaby« heißt *Fohlen* oder *Füllen*.

Es gibt demnach Stutfohlen oder Hengstfohlen. Ein »Wallachfohlen« gibt es nicht, da ein Hengst zumeist nicht vor dem ersten Lebensjahr kastriert wird. Pferde ab dem ersten Lebensjahr werden als *Jährlinge* bezeichnet.

Ab dem dritten Lebensjahr beginnt für ein Reitpferd sozusagen der Ernst des Lebens. Dann fängt nämlich die Ausbildung zum Reitpferd an, die *Dressur*. Das Pferd muß lernen, Sattel und Zaumzeug zu tragen und Gehorsam zu leisten. Die *Hilfen*, im Kapitel »Die Anfänge des Reitens« werden Sie Ausführlicheres darüber erfahren, sind eine Art Zeichensprache zwischen Reiter und Pferd. Diese »Sprache« muß sowohl vom Pferd als auch von seinem Herrn, dem Reiter (oder der Reiterin), erlernt werden.

Die Ausrüstung des Reiters

Natürlich möchten Sie – hoch zu Roß – dem Anlaß entsprechend zweckmäßig gekleidet sein und schick aussehen. Trotzdem: Schaffen Sie sich nicht gleich eine teure *Reitausstattung* an. Sie wissen ja noch nicht, ob Sie sich tatsächlich zu einem Reitfan entwickeln. (Vielleicht kommen Sie nach einigen Reitstunden zu der Erkenntnis, daß das Pferd Ihrer Ansicht nach eine Kreatur ist, die Ihnen nach dem Leben trachtet.) Ein Paar feste Halbschuhe oder Gummistiefel sowie Jeanshosen tun es zunächst einmal auch. Dazu gleich noch einen Rat. Lassen Sie die engen Jeans im Schrank liegen. Zugegeben, sie sind eine Augenweide, und (nun wende ich mich besonders an meine zukünftigen Reiterkolleginnen) vielleicht gelingt es Ihnen damit sogar, ein paar bewundernde Blicke des Reitlehrers zu erhaschen. Das kann sich jedoch in dem Augenblick, in dem Sie aufsitzen wollen (s. S. 45), schlagartig ändern. Damit Sie begreifen, was ich meine, will ich Ihnen folgende selbsterlebte Geschichte erzählen.

Zu der Zeit, als ich meine Pferde noch in einem Reitstall stehen hatte, rückte für eine junge Dame die erste Reitstunde heran. Sie erschien in engen, sogenannten Röhrenjeans; meine Reiterkollegen und ich machten uns schon einige (zugegeben nicht sehr ehrbare) Gedanken. In der Reitbahn nun, vor den Augen aller Anwesenden, sollte die Unwissende, mit Beistand des Reitlehrers natürlich, aufsitzen.

Verständlicherweise war die Beweglichkeit der Diva, bedingt durch ihre engen Hosen, äußerst eingeschränkt. Die Bedauernswerte, sie hatte ihren Fehler in dem Moment bestimmt schon eingesehen, wollte sich aber nicht vollends blamieren, mobilisierte all ihre Reserven und versuchte, sich in den Sattel zu schwingen. Nun, anerkennend sei gesagt, ihre Kräfte waren zwar stark, aber – ihre Hosennähte zu schwach. Mit einem lauten »Ratsch« riß die Hose hinten bis zum Gürtelansatz auf. Damit war die erste Reitstunde zu Ende, ehe sie begonnen hatte. Die Modebewußte mußte, unter Gelächter, die Reitbahn verlassen (sie ist übrigens heute eine fabelhafte Reiterin).
Sie sehen: Seien Sie kritisch in der Wahl Ihrer *Hose.* Probieren Sie, ob Sie in ihr genügend Bewegungsfreiheit haben. Imponieren Sie Ihrem Reitlehrer lieber später durch reiterliches Können als durch »sexy Jeans«. Sie haben ja eben am Beispiel erfahren können, wie das sonst im wahrsten Sinne des Wortes in die Hose gehen kann.
Als einzige »Sportausrüstung« werden Sie sich gleich zu Beginn eine *Reitkappe* zulegen müssen. Kaufen Sie sich am besten sofort eine mit Stahleinlage. Sie ist zwar teurer, aber dafür auch sicherer. Denn es bleibt nicht aus, daß Sie – vor allem am Anfang – des öfteren Bekanntschaft mit Mutter Erde machen, und dabei ist schon manche(r) auf den Kopf gefallen. Die Stahleinlage wird Ihnen dann weitestgehend den Krankenhausaufenthalt (Gehirnerschütterung) ersparen. Sie sehen: Sicherheit kommt vor dem »Fall«.
Nehmen wir nun einmal an, Sie haben – nach Überwindung der ersten Schwierigkeiten – Spaß am Reiten gefunden. Jetzt lohnt es, sich eine Reitausrüstung zuzulegen. Auch hier gilt: Bessere Qualität ist am Ende billiger. Bei der Reithose, zum Beispiel, macht es sich nämlich an stark beanspruchten Stellen (an Knien und Hosenboden) schnell bemerkbar, ob sie eine gute Verarbeitung hat.

Merken Sie sich als Faustregel: Schick *kann* die Reithose sein; bequem *muß* sie sein. Auf keinen Fall darf sie im Schritt oder am Knie spannen.
Beim Kauf der *Reitstiefel* müssen Sie darauf achten, daß der Stiefelschaft nicht zu eng ist. Probieren Sie die Stiefel ausschließlich *mit* der Reithose an. Die Faustregel lautet: Es muß noch so viel Platz im Schaft vorhanden sein, daß Sie Ihre Wadenmuskeln ohne Behinderung anspannen können. Die vordere obere Kante des Schaftes sollte bis unterhalb des Knies reichen. Der Schaft muß aber so gearbeitet sein, daß er hinten nicht in die Kniekehlen drückt und damit scheuert.
Kaufen Sie sich die Reitstiefel nicht zu klein. Im Winter müssen Sie zusätzlich noch ein Paar dicke Socken anziehen können.
Auf ein *Reitjackett* können Sie zu Anfang noch einige Zeit verzichten (es sei denn, Sie haben sich einen sehr vornehmen Reitstall ausgesucht). Sollten Sie sich aber eines zulegen, so achten Sie bitte auf ausreichende Bewegungsfreiheit in den Schultern.
Zur Anschaffung von *Reithandschuhen* rate ich Ihnen auf jeden Fall. Sie verschonen damit Ihre Hände vor Blasen. (Im Winter sind Handschuhe sowieso unerläßlich.)
Eine *Gerte* sollten Sie sich vielleicht auch schon kaufen (obwohl man sie in manchen Reitschulen auch ausleihen kann). Ich rate Ihnen, sich für die erste Zeit eine Gerte zuzulegen, die Sie sowohl für das Dressurreiten als auch für Ihre ersten Springübungen verwenden können. Es gibt da nämlich wesentliche Unterschiede.
Die *Dressurgerte* ist besonders lang und elastisch, die *Springgerte* hingegen ziemlich kurz und fest.
Für den Allgemeingebrauch, was für Sie also zunächst in Frage kommt, gibt es Gerten von mittlerer Länge, die nicht zu hart und fest und nicht zu biegsam sind.

Sporen (das sind Hilfen für den Reiter, die an den Reitstiefeln festgeschnallt werden) brauchen Sie noch nicht. Zunächst gilt es zu lernen, die Beine beim Reiten unter absoluter Kontrolle zu haben. Die Sporen, so heißt es unter Reitern, müssen sich erst (durch reiterliches Können) verdient werden. Genaueres darüber steht im Kapitel »Die Anfänge des Reitens« unter »Hilfen«.
Ich hoffe, daß ich Ihnen einige brauchbare Tips für Ihre sportlichen Anschaffungen geben konnte. Nehmen Sie vielleicht folgendes Motto mit auf Ihren Einkaufsbummel: So preiswert wie möglich! So teuer wie nötig!
Zum Schluß ein von mir abgewandelter bekannter weiser Spruch:

Kleider machen bestenfalls Leute, jedoch keine Reiter.

Die Ausrüstung des Pferdes

Wir haben nun festgestellt, was Sie zum Reiten brauchen (oder noch nicht brauchen). Aber auch Ihr bester Freund, Ihr Pferd, hat in dieser Hinsicht Bedürfnisse und Wünsche. Beschäftigen wir uns also jetzt damit, was das Reitpferd alles benötigt.

Zur Grundausrüstung eines Pferdes gehören zunächst einmal der *Sattel* und das *Zaumzeug* bzw. die *Trense.*

Wie bei der Bekleidung des Menschen gibt es auch bei Sattel und Zaumzeug des Pferdes verschiedene Größen und Formen. Der Sattel sollte dem Pferd genau angepaßt sein: nämlich nach Höhe, Breite und Länge des Widerristes Ihres Pferdes. (Sollten Sie nicht mehr wissen, was mit Widerristhöhe gemeint ist, schlagen Sie auf S. 13 nach.) Nur bei einem richtig angepaßten Sattel kann der Reiter perfekt sitzen und auf sein Pferd einwirken.

Man unterscheidet bei den Sätteln drei Haupttypen:

1. den Dressursattel,
2. den Springsattel und
3. den Vielseitigkeitssattel.

Wie der Name schon sagt, ist der *Vielseitigkeitssattel* am vielseitigsten zu verwenden. Daher ist er der Satteltyp, mit dem Sie es zunächst ausschließlich zu tun haben werden. Die beiden anderen Sättel werden mehr im intensiven, turniersportlichen Reiten verwendet. Was nun die Besonderheiten der einzelnen Sättel sind, sollen die folgenden Erklärungen zeigen.

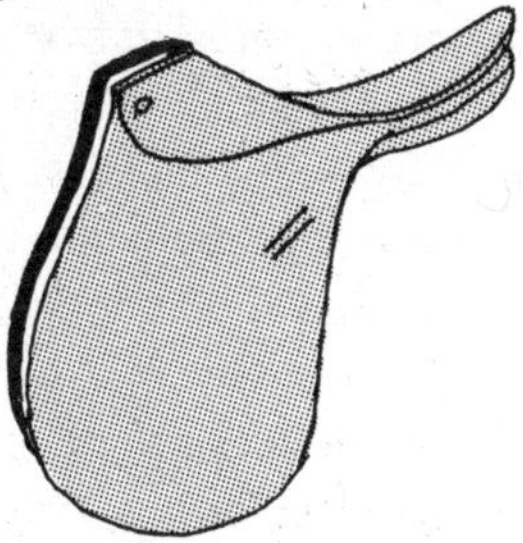

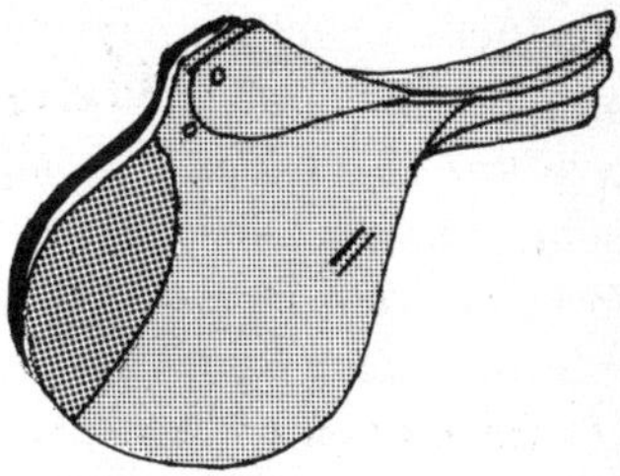

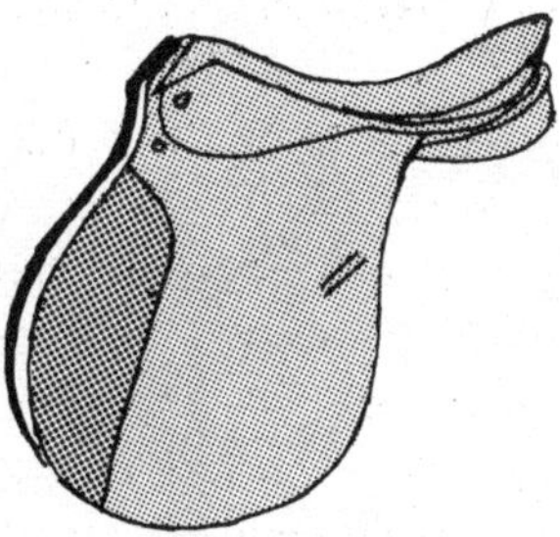

Die drei gebräuchlichsten Sattelarten

Oben links: Dressursattel
Oben rechts: Springsattel
Unten links: Vielseitigkeitssattel

Schauen Sie sich zunächst den *Dressursattel* an. Er ist ganz speziell für diese Reitdisziplin konstruiert worden. Sein *Sattelblatt* ist, zur Unterstützung des für den Dressurreiter erforderlichen gestreckten Sitzes, fast gerade und nach unten stark verlängert. Dadurch ermöglicht er einen intensiven Kontakt zwischen Pferdeleib und Reiterbein. Der Reiter hat dadurch die Möglichkeit, wie man in der Reitersprache sagt, »am Pferd« zu sein und dessen Bewegungen so zu spüren, daß er mit *Gewicht-* und *Schenkelhilfen* (s. S. 58 ff.) besonders vorteilhaft einwirken kann.

Wenn Sie nun zum Vergleich den *Springsattel* betrachten, so werden Sie merken, daß bei ihm die Sattelblätter stark vorgebaut und die *Sattelpauschen* verstärkt sind. (Pauschen nennt man die Sattelpolster, an denen die Knie des Reiters anliegen.) Diese Verstärkung bietet dem Springreiter einen vermehrten und sicheren Halt mit den Knien.

Der Vielseitigkeitssattel hat die Besonderheiten der beiden Spezialsättel in abgeschwächter Form in sich vereint. Er stellt sozusagen einen Kompromiß zwischen beiden dar. Daher können Sie diesen Sattel gleichermaßen gut zum Springen, zum Dressurreiten und für den Geländeritt gebrauchen. Zum Sattel gehören:

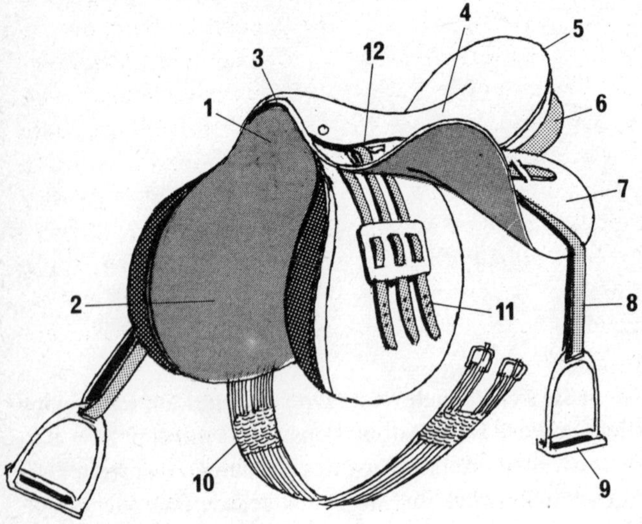

Die einzelnen Teile des Sattels

1. Sattelkammer
2. Schweißblatt
3. Vorderzwiesel
4. Sitzfläche
5. Sattelkranz
6. Sattelpolster
7. Sattelblatt
8. Steigbügelriemen
9. Steigbügel
10. Sattelgurt
11. Sattelstrippe (Strupfen)
12. Schloß für Bügelriemen

Sattelgurt,
Steigbügelriemen mit den Steigbügeln sowie
Sattelunterlage, auch Satteldecke genannt.

Die einzelnen Teile des Sattels und deren Bezeichnungen können Sie der folgenden Illustration entnehmen.

Die *Sattelunterlage* besteht entweder aus Leder, Leinen, Filz oder Schaffell. Sie ist auf die Sattelform zugeschnitten. Seltener werden auch noch *Schabracken* benutzt; das sind kleine viereckige Decken, die ebenfalls aus Filz hergestellt sind. Sattelunterlagen schützen das Leder der Sattelpolster vor Schweißeinwirkung und dienen außerdem als zusätzliches Polster unter dem Sattel, um Druck zu verhindern. Am zweckmäßigsten erscheint mir persönlich eine gut gefettete Ledersatteldecke, da sie erstens weich und zweitens leicht mit Schwamm und Sattelseife zu reinigen ist.
Filzdecken hingegen saugen sich voll Schweiß, die Pferdehaare bleiben sehr hartnäckig an dem Filz kleben. Diese Decken sind daher schwer zu säubern und bieten somit einen leider idealen Nährboden für allerlei Pilzkrankheitenerreger.
Ist die Satteldecke mangelhaft oder ist der Sattel entweder in der Größe nicht passend oder gar falsch aufgelegt worden, kann es zu dem für das Pferd recht schmerzhaften *Satteldruck* kommen. Das Pferd kann dann, in schlimmen Fällen wochenlang, nicht geritten werden.
Damit werden Sie aber, hoffentlich, nichts zu tun haben; denn Sie achten sicher darauf, daß die Satteldecke sauber und Ihr Pferd korrekt gesattelt ist?!
Kommen wir jetzt zum nächsten Ausrüstungsteil des Pferdes: zur *Trense.*

Die Trense, bzw. das gesamte Zaumzeug, besteht aus folgenden aus der Illustration ersichtlichen Teilen:

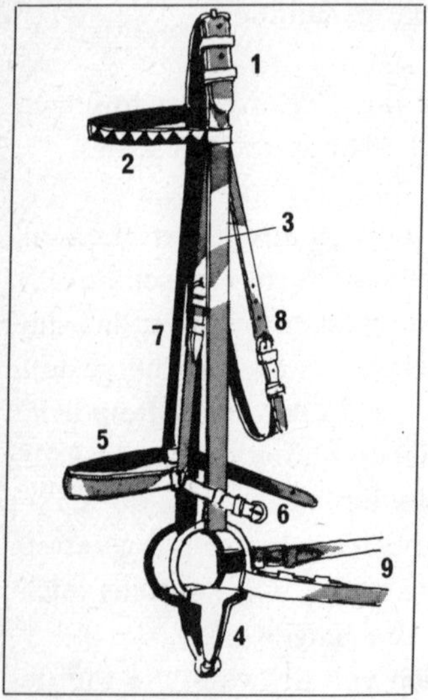

1. Genickstück
2. Stirnriemen
3. Backenstück
4. Trensengebiß
5. Nasenriemen
6. Kinnriemen
7. Reithalfter
8. Kehlriemen
9. Zügel

Die Trense muß so verschnallt werden, daß das Pferd an keiner Stelle seines Kopfes beengt wird oder gar Schmerzen empfindet. Dazu Näheres auf S. 42.

Die *Zügel* sind entweder aus glattem oder geflochtenem Leder. Als dritte Möglichkeit gibt es den Zügel aus Gurtenstoff, der mit kleinen Lederstegen versehen ist, um einen besseren Halt des Zügels in der Hand des Reiters zu ermöglichen. Als Unterleg- oder Reithalfter wird am häufigsten das sogenannte *Hannoversche Reithalfter* verwendet. Es hat diesen Namen, weil es von der berühmten Kavalleriereitschule in Hannover eingeführt wurde.

Ein anderes in Deutschland zunehmend verwendetes Halfter ist das *Englische Reithalfter*, dessen verschnallbarer Nasenriemen eine Handbreit höher liegt als beim Hannoverschen Reithalfter und oberhalb des Trensengebisses um den Pferdekopf führt (im Gegensatz zum unterhalb des Trensengebisses liegenden Nasen- und Kinnriemen des Hannoverschen Reithalfters).

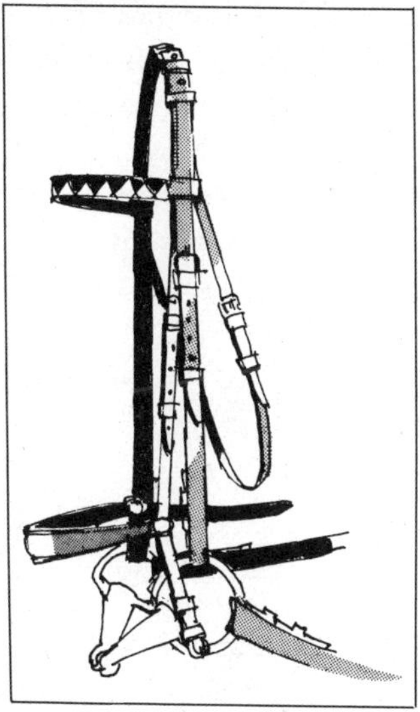

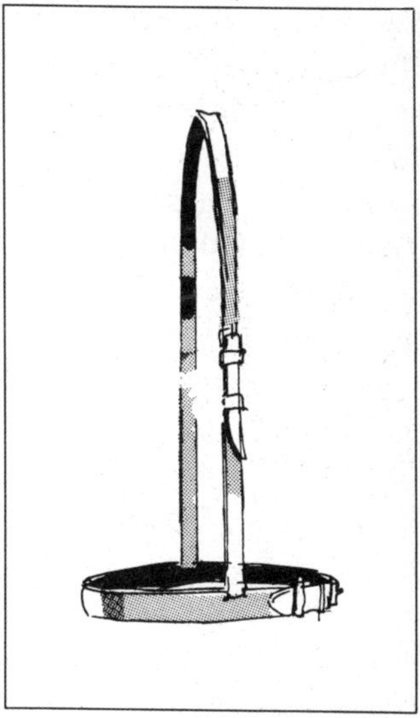

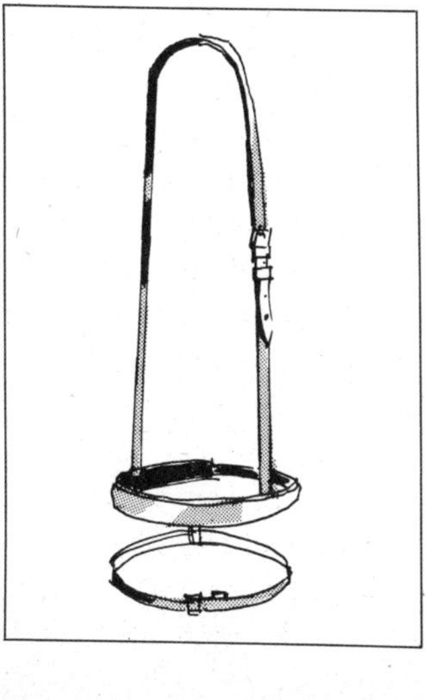

Oben links: Das Hannoversche Reithalfter.
Oben rechts: Das Englische **Reit**halfter
Unten links: Englisches Reithalfter mit Pullriemen

Wenn ich nun vom *Gebiß* spreche, so sind hier damit nicht etwa die Zähne des Pferdes gemeint. Gebiß nennt man das Mundstück aus Metall oder Gummi, das dem Pferd ins Maul geschoben wird. Es liegt dort auf dem zahnlosen Teil des Unterkiefers, den sogenannten *Laden,* auf, die sich jeweils zwischen dem letzten Schneidezahn und dem ersten Backenzahn befinden.
Von den beiden seitlichen Ringen des Mundstückes gehen die Zügel aus, die der Reiter in der Hand hält und mit denen er einen direkten Kontakt zum Pferd hat und seine Befehle geben kann.
Die bei uns am häufigsten vorkommenden Gebißformen sind:

das Trensengebiß und
die Kandare.

Hoffentlich vergessen Sie nie, daß ein Pferdemaul empfindlich ist. Ziehen Sie also nie am Gebiß, und reißen Sie nie die Zügel mit aller Kraftanstrengung zurück (wie das leider oft auch in Wildwestfilmen zu sehen ist). Zügel sind im übrigen auch nicht zum Festhalten da.
Anfangs werden Sie es nur mit dem *normalen Trensengebiß* zu tun bekommen. Das ist nicht nur die am meisten verwendete Zäumung, sondern auch von den beiden oben genannten Modellen die am leichtesten zu bedienende Art.
Die *Kandare* bedarf einiger Erfahrung, setzt also einen sicheren und bereits ausgeglichenen, ruhigen Reitstil voraus. Deshalb hat die Beschreibung der Kandare für Sie zunächst nur theoretische Bedeutung.

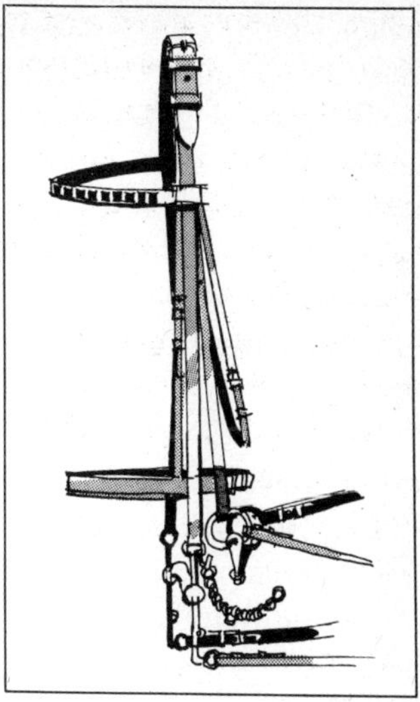

Die Kandare besteht aus zwei verschiedenen Gebissen, nämlich

aus der *Unterlegtrense*, die bewegliche Glieder hat wie das normale Trensengebiß (vgl. Illustration S. 24), und
aus einer starren *Kandarenstange.*

Unter dem Kinn des Pferdes verläuft die *Kinnkette,* die rechts und links in die Kandare eingehakt ist. In die beiden unteren Enden der beiden hebelartigen Stangen sind die *Kandarenzügel* eingeschnallt. Die Kandarenzäumung hat daher zusätzlich zu den Trensenzügeln noch Kandarenzügel und wird mit zwei Zügeln geritten. Wie das technisch vor sich geht, brauchen Sie meines Erachtens jetzt noch nicht zu lernen. Das würde, da Sie sich ja sowieso erst einmal an die normale Zügelhaltung und -führung gewöhnen müssen, zu verwirrend sein. (Außerdem: Wenn Sie nicht gerade vorhaben, in einiger Zeit mit Josef Neckermann zu konkurrieren,

so kann ich Ihnen versichern, daß Sie auch ohne Kandare zu guten reiterlichen Erfolgen kommen können.)
Um es noch einmal zu sagen: Sie haben es zu Anfang ausschließlich mit dem normalen Trensenzaum zu tun. Nun ist aber Gebiß nicht gleich Gebiß. Der Hauptunterschied liegt in den schon oben erwähnten Materialarten: Metall oder Gummi.
Bei den Gebissen gibt es drei am häufigsten verwendete Arten:

1. das gewöhnliche *Trensengebiß,* genannt *Wassertrense,*
2. das *Olivengebiß* und
3. das *Gummigebiß.* Dieses wird bei Pferden verwendet, die im Maul besonders empfindlich sind.

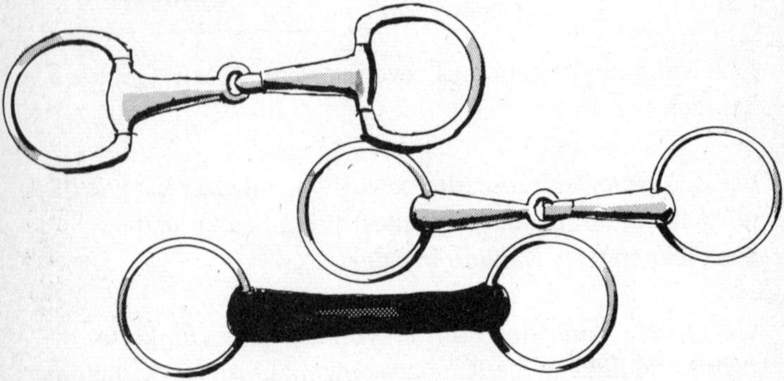

Die verschiedenen Trensenformen — Oben: Das Olivengebiß
Mitte: Die Wassertrense.
Unten: Das ungeteilte Gummigebiß

Zu erwähnen sind noch die *Hilfszügel.* Sie haben, wie ihr Name schon sagt, die Aufgabe, dem Reiter die Einwirkungen auf sein Pferd zu erleichtern oder sie zu unterstützen. Ihre Anwendung ist aber auf ein Mindestmaß zu beschränken, da die Wirkung auf mechanischem Zwang beruht. Folgende verschiedene Arten sollten Sie kennen:

1. die Ausbindezügel,
2. den Stoßzügel und
3. das gleitende Martingal.

Ausbindezügel sind in der Länge verstellbare Riemen, die beidseitig vom *Sattelgurt* zu den jeweiligen *Trensenringen* führen.
Dadurch wird das Pferd gleichsam automatisch (und das ist der mechanische Zwang!) zu einer gewünschten Kopfhaltung gebracht. Abgesehen von der *Longenarbeit* s. S. 55 bindet man ein Pferd in der ersten Zeit des Reitunterrichtes aus; solange nämlich, bis der Anfänger seine Balance auf dem Pferd gefunden hat, bis er mit dem aktiven Reiten beginnen kann und seine Hände unter Kontrolle bekommen hat.

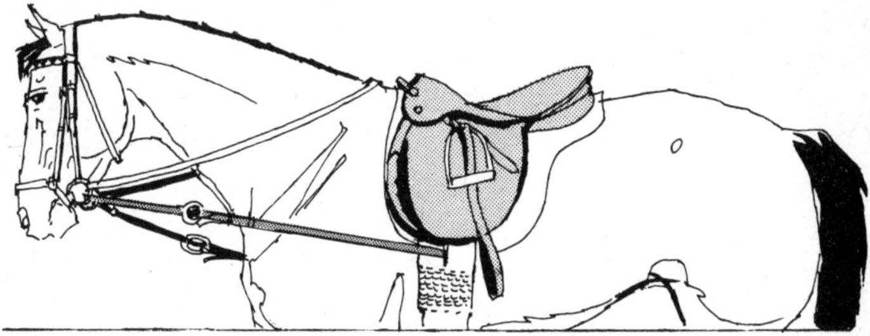

Der Ausbindezügel

In ähnlicher Weise wie die Ausbindezügel wirkt der *Stoßzügel.* Er besteht jedoch aus nur einem Riemen, der zwischen den Vorderbeinen des Pferdes durchläuft. Festgeschnallt ist er ebenfalls am Sattelgurt und in den Trensenringen.
Das *gleitende Martingal,* auch Springzügel genannt, ist dem Stoßzügel ähnlich. Es teilt sich jedoch bereits vor der Brust des Pferdes in zwei Riemen, welche in zwei Ringen enden; durch diese laufen jeweils die Zügel. Diese Art des Hilfszü-

gels wird bei solchen Pferden angebracht, welche die Angewohnheit haben, mit dem Kopf nach oben zu schlagen, oder die den Kopf zu hoch tragen. Zumeist wird das Martingal im Gelände oder beim Springreiten benutzt. Eine direkte Dressurhilfe stellt es nämlich nicht dar.

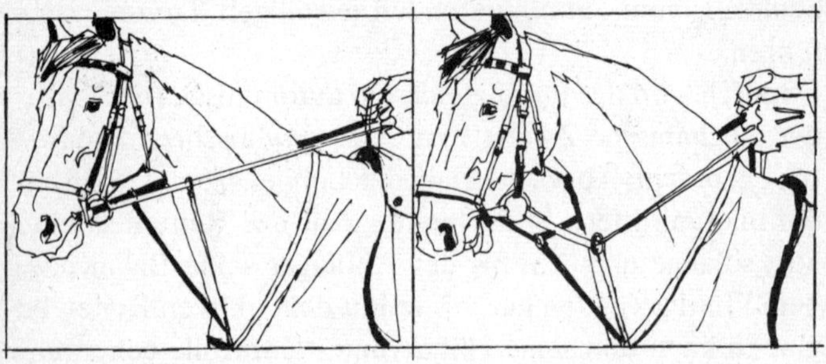

Das gleitende Martingal: Links richtig, rechts falsch angeschnallt

Bandagen stellen ebenfalls einen Teil der Pferdeausrüstung dar, wenngleich sie in ihrem Nutzwert oft überschätzt werden. Sie werden je nach Notwendigkeit angebracht und dienen zum Schutz der Sehnen und Röhren der Pferdebeine. Das Anbringen erfordert etwas Übung, weil darauf geachtet werden muß, daß sich – ähnlich wie bei einem Verband – keine Falten bilden dürfen, die Druckstellen hervorrufen könnten.

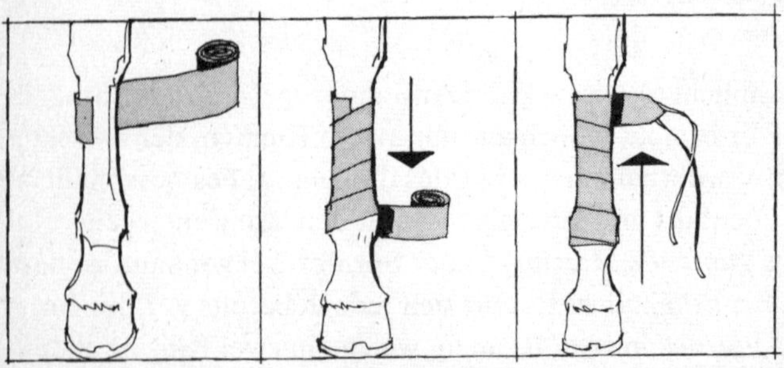

Korrektes Bandagieren eines Pferdebeines

Ähnliche Schutzaufgaben haben die ledernen *Gamaschen* oder die *Sprungglocken,* die fast ausschließlich beim Springreiten angebracht werden; letztere um die Hufkrone des Pferdes zu schützen (s. S. 34, Kapitel »Hufpflege«).

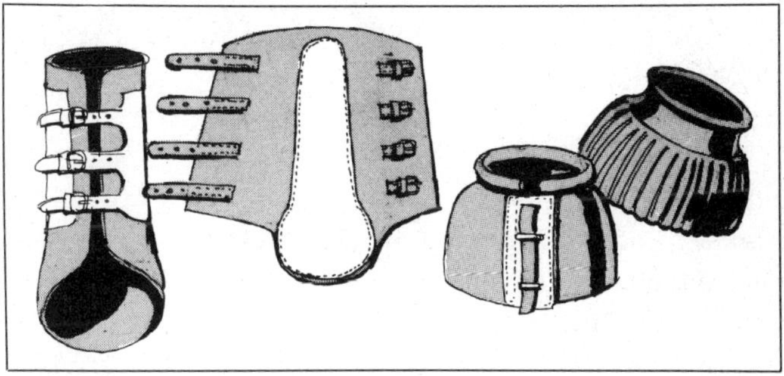

Ledergamaschen und Springglocken

Zur Ausrüstung des Pferdes im Stall gehören die *Stalldecke* und das *Stallhalfter.* Bei den Stalldecken gibt es Winter- und Sommerdecken, die sich, logischerweise, in ihrer Dicke unterscheiden. Stalldecken dienen sowohl als Kälteschutz als auch zum Glatthalten des Fells.

Das Stallhalfter ist aus Leder, Gurt oder Stricken gefertigt. Mit ihm kann das Pferd festgehalten oder -gebunden werden.

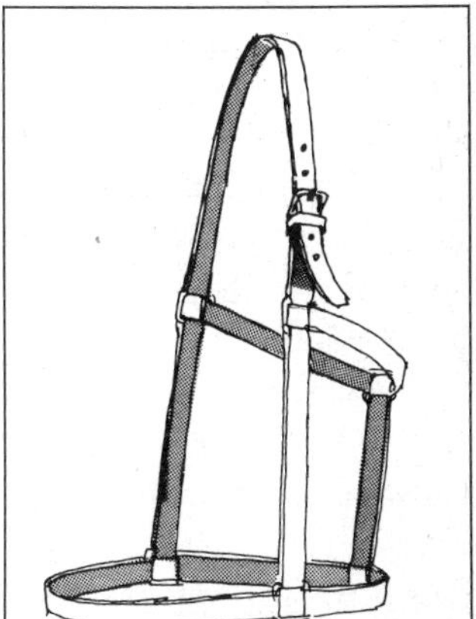

Ledernes Stallhalfter

Die Pflege des Pferdes

Erwarten (oder befürchten) Sie nicht, daß Ihnen nun hier ein umfangreiches Pflegeprogramm vorgestellt wird. Das ist kein Buch für die Ausbildung von Pferdepflegern.
Trotzdem: Wer nicht mit *Striegel, Kardätsche* und *Hufkratzer* umgehen kann, hat nicht das Recht, sich mit reinem Gewissen Reiter zu nennen. Abgesehen davon bekommen Sie als pflegebewußter »Freund« ein intensiveres und freundschaftlicheres Verhältnis zu Ihrem Reit-(schul-)Pferd.

Putzen

Sie werden nun sehen, was alles zu einer kompletten Putzausrüstung für Ihr Pferd gehört.
Zum *Putzen* verwenden Sie zunächst einmal einen Striegel und eine Kardätsche (Bürste). Auf der rechten Seite des Pferdes halten Sie die Kardätsche in Ihrer rechten Hand, den Blechstriegel in der linken. Auf der linken Seite verhält sich logischerweise alles umgekehrt. (Übrigens: Sehr viele Reitställe besitzen heute zum Pferdeputzen Spezialstaubsauger.)
Binden Sie Ihr Pferd in der Stallgasse an (dort gibt es extra Haken). Striegeln Sie den gröbsten Schmutz zuerst mit ei-

nem *Plastikstriegel* ab. Beginnen Sie dann am Kopf, und putzen Sie mit der Kardätsche in langen, ruhigen Strichen in Richtung des Haarstrichs nach hinten. Streifen Sie die Kardätsche nach jedem Bürstenstrich in Richtung Ihrer Fingerspitzen am Striegel ab. Sobald sich eine gewisse Menge Staub im Striegel angesammelt hat, klopfen Sie ihn auf dem Boden der Stallgasse aus. Diesen grauweißlichen Staub, der da zu Haufe kommt, nennt man »Strich«. Pro Pferdeseite sollten Sie schon mindestens zehn »Striche« herausholen (auch wenn das Putzen recht schweißtreibend sein kann).

Die Putzausrüstung für das Pferd

1. Blechstriegel
2. Hufkratzer
3. Kardätsche
4. Schwamm
5. Gummistriegel
6. Mähnenkamm
7. Wurzelbürste
8. Fesselschere
9. Schweißmesser

Kleine Schmutzkrusten kratzen Sie (vorsichtig!) mit dem Striegel los und bürsten hinterher. Nichts zu suchen hat der Blechstriegel an den Stellen, an denen die Knochen direkt unter dem Fell liegen (also zum Beispiel an Kopf, Beinen und Hüften). Bestenfalls dürfen Sie dort, um eventuell Lehmklumpen wegzubekommen, mit einem Gummistriegel herangehen.

Augen und Nüstern werden mit einem *Schwamm* ausgewischt; für After und Geschlechtsteile müssen Sie einen eigenen Schwamm nehmen.

Die Mähne wird reichlich ausgebürstet oder ausgekämmt, während Sie den Schweif lediglich mit der Hand verlesen und entwirren, da ansonsten zu viele Schweifhaare ausgerissen würden. (Schweifhaare benötigen über ein Jahr, bis sie nachgewachsen sind.) Mit einer Bürste können Sie bestenfalls die Schweifrübe bearbeiten.

Stellen Sie sich nie direkt hinter das Pferd. Es könnte sich einmal unvorhergesehen erschrecken und auskeilen.

Zum guten Schluß, als letzte »Politur« sozusagen, wird das gesamte Fell noch einmal mit einem trockenen Tuch abgewischt, bis es schön glänzend und glatt ist.

Hufpflege

Die *Hufe* müssen jeden Tag gepflegt werden. Sie sind aber außerdem vor und nach jedem Ritt zu säubern. Das ist notwendig, damit Mist und feuchtes Stroh nicht in den Strahlfurchen hängenbleiben und eventuell Strahlfäule verursachen. Außerdem sollen eingetretene Steine oder andere Fremdkörper rechtzeitig entfernt werden, um Druck und somit Schmerz zu verhindern. Auf der folgenden Illustration sehen Sie, wie so ein Huf »gebaut« ist.

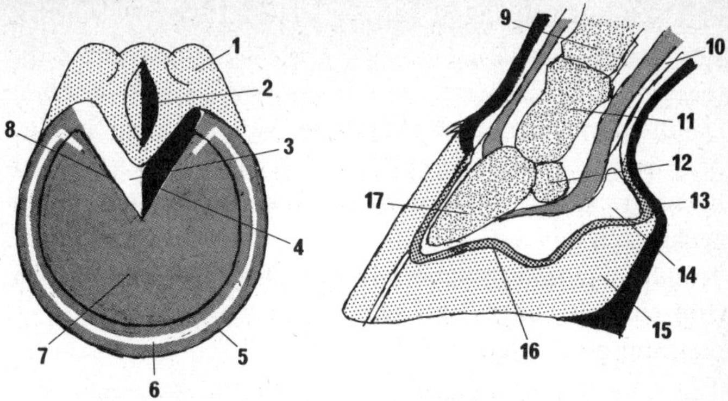

Die Anatomie des Hufes

1. Ballen
2. Mittlere Strahlfurche
3. Strahl
4. Seitliche Strahlfurche
5. Tragrand
6. Weiße Linie
7. Hufsohle
8. Eckstrebe
9. Fesselbein
10. Beugesehne
11. Kronbein
12. Strahlbein
13. Ballen
14. Strahlkissen
15. Hornstrahl
16. Hufléderhaut
17. Hufbein

Zur Schonung der Hufe werden Reitpferde, je nach Grad der Beanspruchung und Abnutzung der Hufe, alle sechs bis acht Wochen mit Hufeisen beschlagen. Das ist die Aufgabe des Hufschmieds; er paßt die Eisen individuell an und nagelt sie an den Hufen fest. Wie der Vorgang des Beschlagens abläuft, zu erklären, würde hier zu weit führen. Ich möchte Ihnen jedoch empfehlen, sich das Beschlagen – sofern Sie in Ihrem Reitstall die Gelegenheit dazu haben – anzuschauen. Es ist wirklich interessant, und außerdem können Sie sich mit eigenen Augen davon überzeugen, daß das Pferd dabei keine Schmerzen empfindet.
Zum Auskratzen der Hufe nehmen Sie den *Hufkratzer* zur Hand (s. Illustration S. 33) und stellen sich, in Blickrichtung

zum Schweif, neben ein Bein des Pferdes. Streifen Sie mit der Hand dieses Bein entlang – und zwar von oben bis unterhalb des Schienbeins. Dort umfassen Sie das Bein, rufen »Fuß!« und heben es an. Auf diese Weise erhalten Sie Zugang zu der Unterseite des Hufes. Sehen Sie sich auf der nachfolgenden Illustration an, wie Sie den Huf am besten auskratzen können. Achten Sie besonders darauf, daß die Strahlfurchen gut gesäubert werden. Diese können auch von Zeit zu Zeit, um Infektionen vorzubeugen, mit Holzteer eingepinselt werden.

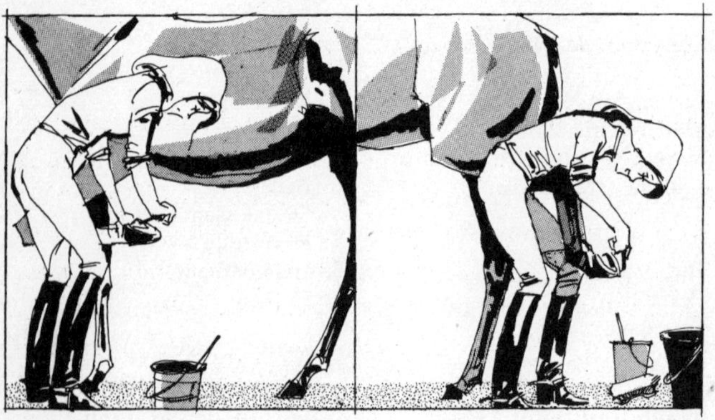

Hufpflege durch Auskratzen der Hufe

Prüfen Sie bei dieser Gelegenheit, ob das jeweilige Hufeisen noch festsitzt oder ob es sich an irgendeiner Stelle schon lokkert.

Besonders nach einem Geländeritt sollten die Hufe nicht nur ausgekratzt, sondern auch von außen abgewaschen werden. Anschließend fettet man den Huf innen und außen mit Huffett oder Lorbeeröl ein, so bleibt er geschmeidig und wird nicht spröde.

Die Grundtechniken des Reitens

Satteln und Auftrensen

Prägen Sie sich, neben den rein technischen Einzelheiten des Sattelns und Auftrensens, auch einige Verhaltensmaßregeln ein. Das Pferd ist, wie auch Sie, ein Gewohnheitstier; es wird leicht durch außergewöhnliches, ihm fremdes Verhalten beunruhigt. Inwieweit ein Pferd empfindlich oder gar übernervös reagiert, hängt von dessen Nervenkostüm ab. Jedenfalls ist es keine Sache der Rasse oder des Temperaments. Auch ein Ackergaul geht einmal durch, während ein Araber denselben Anlaß vielleicht gelassen übersteht.
Ein Pferd, das leicht erregbar oder gar scheu ist (und eventuell aus diesem Grund nach hinten auskeilt), darf nicht gleich als bösartig eingestuft werden.
Ehe Sie sich dem Pferd mit dem *Sattelzeug* nähern, sollten Sie es ansprechen oder mit seinem Namen anrufen. So kann es nicht durch Ihr plötzliches Auftauchen erschreckt werden. Zudem wird es Ihnen ja sicherlich am Herzen liegen, daß das Pferd, mit dem Sie sich zumindest die folgende(n) Stunde(n) über beschäftigen werden, nicht schon von vornherein nervös und aufgeregt in die Reitbahn geht, weil es bereits schlechte Erfahrungen mit Ihnen gemacht hat. Das Vertrauen des Pferdes sollten Sie sich nie verscherzen. Ein

Pferd vergißt im Grunde genommen nie, ob und vor allem von wem ihm etwas angetan wurde.
Den *Sattel,* mit der Unterlage, hochgezogenen Steigbügeln und übergeschlagenem Gurt (so wie Sie ihn aus der *Sattelkammer* vom *Sattelbock* heruntergeholt haben), trägt man im allgemeinen auf dem rechten Arm, die *Trense* nimmt man in die linke Hand, hängt sie jedoch beim Aufsatteln in die Armbeuge, damit sie nicht behindert.
Nachdem Sie Ihr Pferd angesprochen und auf sich aufmerksam gemacht haben, stellen Sie sich *neben* das Pferd an dessen *linke* Seite mit Blickrichtung über den Rücken des Pferdes. (Links und rechts *vom* Pferd ist stets identisch mit Ihrer linken und rechten Seite, wenn Sie in Blickrichtung *mit* dem Pferd stehen – oder auf ihm sitzen.)
Heben Sie den Sattel nun ruhig und vorsichtig nach oben, und legen Sie ihn auf den Pferderücken unmittelbar hinter den *Widerrist.*

Das Auflegen des Sattels

Sie müssen dabei unbedingt darauf achten, daß Sie den Sattel immer *in* Richtung des Fellhaarstrichs auflegen. Dazu kann ich Ihnen einen Trick verraten: Legen Sie den Sattel zuerst ein wenig weiter nach vorne auf, und bringen Sie diesen dann, ihn leicht nach hinten schiebend, in die richtige Position. Das hat den Vorteil, daß sich das Pferd nie, wie man in der Reitersprache sagt, *»gegen den Strich gebürstet«* fühlt. Die Sattelunterlage sollte so hoch wie möglich in den Vorderzwiesel des Sattels geschoben werden.

Überzeugen Sie sich stets davon, daß die Sattelunterlage auch wirklich *glatt* auf dem Pferderücken liegt.

Haben Sie den Sattel in die richtige Lage gebracht, lassen Sie den Sattelgurt an der *rechten* Seite des Pferdeleibes herunterfallen. (Passen Sie aber auf, daß die Metallschnallen nicht an die Vorderbeine des Pferdes hauen. Das tut weh.) Ziehen Sie dann den *Gurt* unter dem Pferdebauch durch und schnallen Sie ihn mit den *äußeren Sattelstrippen* lose an. Die *mittlere* Sattelstrippe bleibt zur Reserve, falls eine der beiden anderen einmal reißen sollte. Der richtige Sitz des Gurtes ist von großer Wichtigkeit. Zwischen Ellenbogengelenk des Pferdes und Gurt sollte etwa eine Handbreit Zwischenraum bleiben. Dieser Abstand darf auf keinen Fall zu klein ausfallen, weil sonst das Pferd in seinen Bewegungen beeinträchtigt würde. Ist der Abstand dagegen zu groß, verrutscht der Sattel zu weit nach hinten.

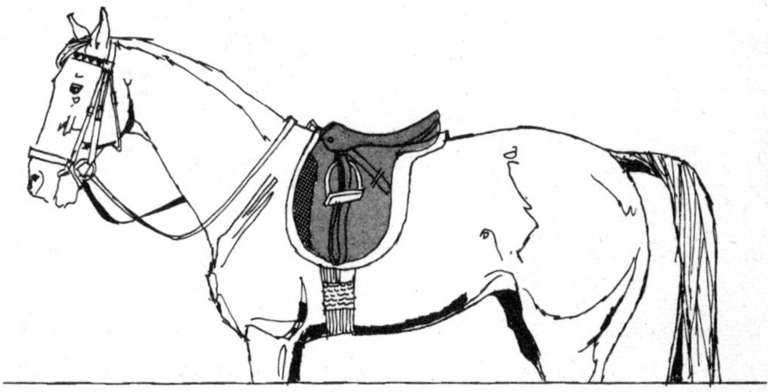

Die korrekte Sattellage

Ziehen Sie den Gurt im Stall noch nicht fest an. Vor dem Aufsitzen müssen Sie sowieso nachgurten (wie Sie noch erfahren werden). Die *Bügel* bleiben ebenfalls noch hochgezogen. Es ist, nebenbei gesagt, stets so, daß Sie die Steigbügel, sobald Sie nicht mehr oder noch nicht auf dem Pferd sitzen, hochgezogen lassen. Dies erstens, weil die Bügel dem Pferd ansonsten ständig gegen den Bauch schlagen würden, und zweitens kann diese »Regel« im schlimmsten Fall sogar lebensrettend sein. Sollten Sie in Zukunft mal alleine *ins Gelände gehen,* das heißt ausreiten, so kann es ja geschehen, daß Sie herunterfallen und sich ernstlich verletzen. Die meisten Pferde laufen, wenn sie ihren Reiter verloren haben, zu ihrem Stall zurück. Wenn Ihr Pferd dort also, im wahrsten Sinne des Wortes, mit fliegenden Bügeln eintrifft, weiß man sofort, daß Ihnen etwas zugestoßen sein muß. Kommt Ihr Pferd jedoch mit hochgezogenen Steigbügeln zum Stall zurückgelaufen, so wird man vermuten, daß Sie Ihr Pferd bei einer Rast nicht sicher genug angebunden haben, was Ihnen eine Rüge einbringen und Sie noch dazu eine Runde im Reiterstübchen kosten wird. Ihnen persönlich jedoch kann nichts Ernsthaftes geschehen sein, da Sie ja noch Zeit hatten, die Steigbügel ordnungsgemäß hochzuziehen. Tech-

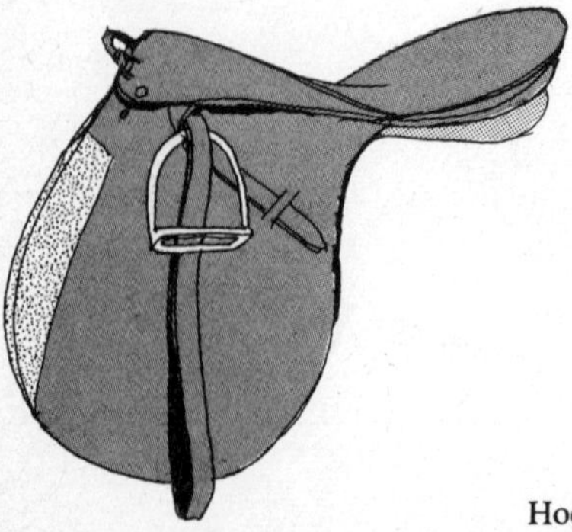

Hochgezogener Steigbügel

nisch ist das ganz einfach. Sie brauchen lediglich den Steigbügel am *inneren* Steigbügelriemen hochzuziehen. Zur Sicherheit, daß er auch dort oben bleibt, stecken Sie dann noch den Riemen nach innen durch den Steigbügel.
Der nächste Schritt ist das *Auftrensen.* Auch das geschieht, wie das Aufsatteln, von links. Beruhigen Sie Ihr Pferd, sprechen Sie mit ihm, und gehen Sie vorsichtig, aber bestimmt ans Werk. Lassen Sie es das Pferd nicht merken, wenn Sie wahrscheinlich, zumindest anfangs, etwas Angst haben. Sonst wird es sich nämlich mit Sicherheit etwas einfallen lassen, um dem Auftrensen zu entgehen oder es Ihnen zumindest zu erschweren.
Streifen Sie zuerst die *Zügel* über den Kopf des Pferdes. Achtung! Nicht die Zügel überkreuzen oder verdrehen. Sodann stellen Sie sich neben Ihrem Pferd in Höhe des Kopfes auf; Blickrichtung *mit* dem Pferd. Nun fassen Sie *Kopfstück* und *Nasenriemen* des Zaumes mit der *rechten* Hand und greifen damit unter dem Pferdekopf hindurch über den *Nasenrücken* des Pferdes. Die *linke* Hand hält das Gebiß. Bevor Sie das Kopfstück über die Ohren des Pferdes ziehen, versuchen Sie vorsichtig, das Gebiß in das Pferdemaul zu schieben.

Die einzelnen Phasen des Auftrensens

Die meisten Pferde sind an diese »Prozedur« gewöhnt und öffnen bereitwillig von selbst das Maul. Es kann jedoch zuweilen vorkommen, daß gerade das Pferd, das Sie auftrensen müssen, Ihre Unsicherheit bemerkt hat und Ihnen nun von Anfang an demonstrieren will, wer eigentlich der Stärkere ist. Greifen Sie dann zu folgendem Trick: Schieben Sie Ihren linken Daumen in den hinteren Mundwinkel des Pferdes. Haben Sie keine Angst! Das tut Ihrem Schützling weder weh, noch brauchen Sie zu befürchten, daß es einmal kräftig zubeißt und Sie um den Besitz Ihres linken Daumens bringt. Zur Beruhigung: Pferde sind keine Fleischfresser!
Im hinteren Maulwinkel befinden sich, wie Sie ja schon wissen, die Zahnlücken. Dort liegt die Mundschleimhaut direkt auf dem Kieferknochen auf, und jeder ausgeübte Druck ist für das Pferd besonders spürbar. Das Pferd wird also sein Maul öffnen müssen – und schon haben Sie gewonnen. Schieben Sie das Mundstück nun ins Pferdemaul, und streifen Sie – fast gleichzeitig – das Kopfstück über die Pferdeohren, und zwar zuerst über das rechte und dann über das linke Ohr; danach ziehen Sie den Mähnenschopf über den Stirnriemen.
Der *Kehlriemen* wird nun locker zugeschnallt; Sie müssen noch eine flache Hand zwischen ihn und den Kehlrand legen können. Den Kinn- bzw. Nasenriemen schnallen Sie so fest zu, daß Sie noch drei Finger darunterstecken können.

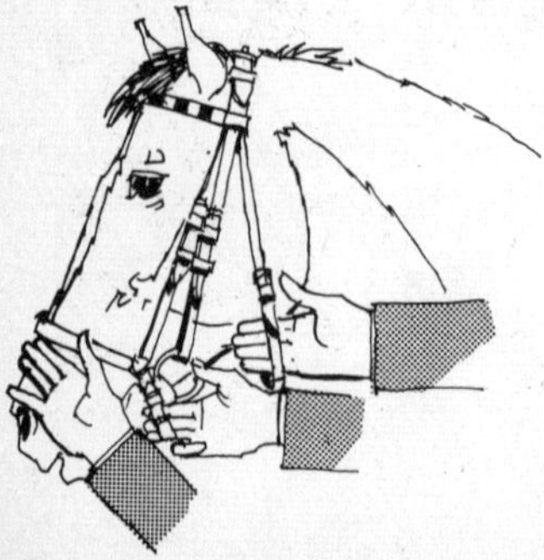

Abstand zwischen Nasenriemen und oberem Nüsternrand (links) eine Handlänge
Abstand des Kinnriemens (Mitte) drei Finger
Abstand des Kehlriemens (rechts) eine Handbreit

Nun haben Sie Ihr Pferd sozusagen »startbereit«. Bevor Sie es in die Reitbahn führen, überprüfen Sie natürlich noch einmal, ob wirklich alle Teile korrekt sitzen, ob also kein Riemen verdreht ist. Vergessen Sie nicht nachzuschauen, daß keine Strohhalme mehr im Schweif hängen und kein Stallmist an den Hufen klebt. Erstens würde Sie das »eine Runde« kosten, zweitens gehört es zum Reiterethos, auf einem gepflegten Pferd zu reiten.

Führen

Während des Führens gehen Sie stets links neben dem Pferd her. Streifen Sie ihm die Zügel über den Kopf nach vorn, und nehmen Sie eventuell mit Ihrer linken Hand die *Zügelschnalle,* während Sie mit der rechten Hand beide Zügel eine Handbreit hinter den Trensenringen fassen. Das Zügelende jedenfalls darf nie zu lang gehalten werden oder gar über den Boden schleifen. Wenn das Pferd aus Versehen darauftritt, kann das für Reiter und Pferd recht gefährlich werden.

Das richtige Führen eines Pferdes

Die Anfänge des Reitens

Aufsitzen

Nachdem Sie das Pferd in die Reitbahn geführt haben, werden Ihre Überlegungen – wie die jedes Anfängers – nur in eine Richtung gehen. Sie blicken auf den unerreichbar scheinenden Rücken des Pferdes und denken: Wie soll ich da bloß hinaufkommen? Einen Viertausender zu ersteigen würde Ihnen in diesem Augenblick als relativ leicht zu lösende Aufgabe erscheinen. Sie werden jedoch sehen, daß das, was Sie erwartet, gar nicht so schwierig ist, wie es im ersten Moment wirkt. Es handelt sich auch hier wieder um eine reine Übungssache.
Bevor Sie aber nun endlich *aufsitzen* dürfen (sagen Sie bitte niemals »aufsteigen«), müssen zuerst noch einige Dinge »in Ordnung« gebracht werden. Der Sattel muß noch nachgegurtet werden, das heißt, er wird stramm angezogen. Außerdem muß die richtige Steigbügellänge eingestellt werden. Die *Länge des Steigbügelriemens,* einschließlich des Bügels, sollte der eigenen Armlänge entsprechen. Feststellen können Sie das durch eine Messung am gestreckten Arm: Wenn Sie Ihre Fingerspitzen an die hochgezogene Bügelriemenschnalle legen, sollte der Steg des Bügels bis unter Ihre Achselhöhle reichen.

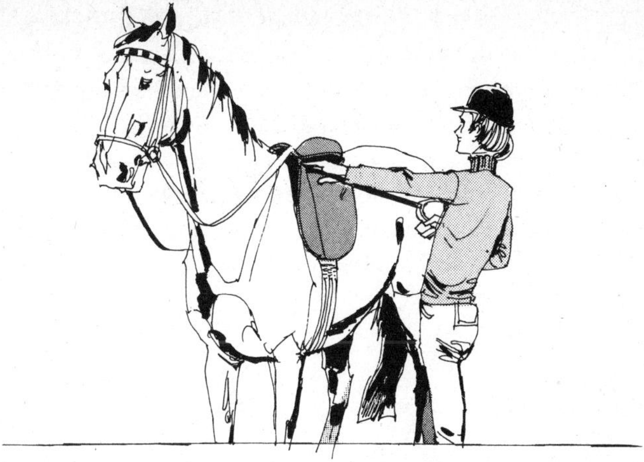

Das Ausmessen der Steigbügellänge

Die letzte Korrektur der Bügellänge erfolgt *nach* dem Aufsitzen. (Zum Beispiel, wenn man merkt, daß beide Bügel nicht gleich lang sind.)
Nun aber – endlich – rauf aufs Pferd! Zum Aufsitzen stellt sich der Reiter links neben das Pferd, in Blickrichtung zum Schweif. Nehmen Sie beide Zügelhälften, die rechte etwas kürzer gefaßt, in die linke Hand, und greifen Sie mit dieser in den Vorderzwiesel des Sattels. Mit der rechten Hand drehen Sie nun den herabhängenden Steigbügel so weit nach rechts, daß Sie Ihren linken Fuß bis hinter den Ballen hineinschieben können. Achtung! Hauen Sie Ihrem Pferd mit Ihren Fußspitzen nicht in den Bauch. Es gibt Pferde, die auf solche »Mißhandlungen« sehr empfindlich und empört reagieren. Sie liegen dann unter Umständen schon wieder unten, ehe Sie überhaupt richtig oben waren.
Greifen Sie nun als nächstes mit Ihrer rechten Hand über den Sattel zum rechten *Sattelblatt.* Bitte: Nicht am Hinterzwiesel hochhieven. Das verzieht auf die Dauer den Sattel,

und er verliert seine Paßform. Winkeln Sie nun Ihr Knie an, treten Sie nahe an das Pferd heran, stoßen Sie sich sodann mit dem rechten Fuß vom Boden ab, ziehen Sie sich gleichzeitig mit den Armen hoch, und schwingen Sie, während Ihre rechte Hand nun ebenfalls zum Vorderzwiesel überwechselt, das rechte Bein hoch über die *Kruppe* des Pferdes. Dann lassen Sie sich leicht und vorsichtig im Sattel nieder und stecken Ihren rechten Fuß von außen nach innen in den rechten Steigbügel.

Die Phasen des Aufsitzens

Bitte nicht in den Sattel »hineinplumpsen«. Es tut dem Pferd im Kreuz weh, und außerdem erschreckt es sich unnötig. (Darüber hinaus werden Sie von Ihren Reiterkollegen erbarmungslos mit dem berühmten »Mehlsack« verglichen werden.)

Wie oben schon erwähnt, kann es jetzt zuweilen nötig sein, die Bügellängen auszugleichen. Auch kommt es vor, daß Sie noch einmal *nachgurten* müssen. Dazu heben Sie Ihr linkes Bein mit dem Bügel vor den Rand des Sattelblattes. Sodann klappen Sie das Sattelblatt nach oben, ziehen die Schnallenlasche zu sich heran und passen den Dorn mit den Fingern in das entsprechende Loch.

Das Nachgurten vom Pferderücken aus

Während dieses Manövers soll Ihr Pferd ruhig dastehen. Es versteht sich wohl von selbst, daß Sie nicht die Zügel loslassen, um möglichst bequem mit beiden Händen arbeiten zu können. Das gesamte Nachsatteln vom Pferd aus darf mit nur einer, Ihrer linken, Hand geschehen. Auch das ist eine reine Übungs- und Geschicklichkeitssache.

Absitzen

Natürlich – nun sitzen Sie also endlich oben, und schon müssen Sie sich damit befassen, wie Sie, und darauf kommt es an, auf elegante Art und Weise von der luftigen Höhe wieder herunterkommen. (Lassen Sie sich dabei nicht von Ihrem Pferd helfen, wenngleich es diesem leichtfallen würde, Sie hinunterzubefördern. Doch das ist dann die unelegante – und schmerzhafte – Variante des »Absitzens«.) Um korrekt

»*abzusitzen*« (sagen Sie um Himmels willen nie »absteigen« – das gibt es nur in der Bundesliga), nehmen Sie das Zügelende in die linke Hand, stützen sich mit beiden Händen vorn am Sattel auf, schwingen das rechte Bein über die Kruppe auf die linke Seite hinüber und stehen nun leicht nach vorn übergeneigt im linken Steigbügel.

Ab hier gibt es nun zwei verschiedene Arten, die Sie je nach Lust und Laune ausüben können:

Die erste ist, daß Sie den linken Fuß so lange im Steigbügel stehen lassen, bis das rechte Bein am Boden aufgesetzt hat. Erst dann treten Sie aus dem Bügel heraus.

Die Phasen des Absitzens

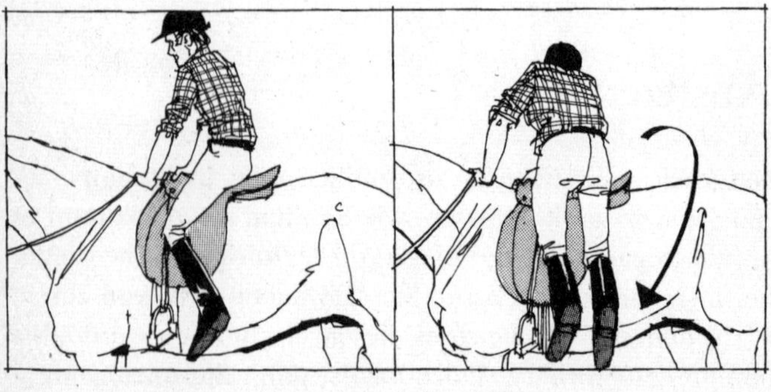

Die andere Variante des Absitzens: das Abspringen

Die zweite Möglichkeit besteht darin, daß Sie Ihr Gewicht auf beide Hände am Sattel verteilen, sich sozusagen auf den Sattel stützen, dann den linken Fuß aus dem Bügel nehmen und sich zur Erde herabgleiten lassen bzw. herabspringen.

Anmerkung: Ehe Sie das Pferd in seine »Behausung« zurückführen, ziehen Sie, natürlich wissen Sie das bereits, die Steigbügel hoch und lockern – das ist neu – den Gurt.

Der korrekte Sitz

Sie wissen nun, wie Sie auf das Pferd hinauf- und von ihm wieder herunterkommen. Dazwischen liegt nun das, was Sie mit viel Ausdauer und, glauben Sie mir, mit viel Schweiß lernen wollen.
Nehmen wir also an: Sie sind gut auf das Pferd hinaufgekommen und haben sich von dem ersten Schreck, nämlich so weit oben zu sitzen, ein wenig erholt. Nun müssen Sie versuchen, sich so unverkrampft wie möglich im Sattel zurechtzusetzen und dabei eine gute Figur zu machen.
Sie werden merken, daß sich das nicht so leicht vereinen lassen will. Anfangs kommt es Ihnen wie ein schwerer Balanceakt vor, und die korrekte Haltung Ihrer Beine oder Füße etwa erscheint geradezu widersprüchlich. Verlieren Sie nicht den Mut. Der korrekte Sitz im Sattel ist eine reine Übungssache.
Der Begriff, *eine gute Haltung im Sattel zu haben,* umfaßt nicht nur die Haltung der einzelnen Gliedmaßen, sondern es kommt dabei auf mehrere Faktoren an, die übereinstimmen müssen. So soll sich der Reiter, zum Beispiel, lediglich durch Balance im Sattel halten, er soll *losgelassen,* das heißt gelöst und gelockert zu Pferde sitzen. Und er muß lernen, auf die

Bewegungen des Pferdes einzugehen. Voraussetzung für all das ist natürlich eine richtige Sitzhaltung.
Die korrekte Sitzposition ist dann gegeben, wenn der Reiter auf beiden Gesäßknochen *und* dem Schambein gleichmäßig verteilt sitzt. Die richtige Position im Sattel befindet sich an dessen tiefster Stelle, das heißt in der Mitte des Sattels.
Die *Oberschenkel* liegen gestreckt mit tiefem Knie, flach und nach innen gekehrt, am Sattel. Die Knie müssen immer (!) dicht am Sattel anliegen. (Wenn Sie, zum Beispiel, ein Blatt Papier zwischen Knie und Sattelblatt legten, so müßte sich dieses auch am Ende der Reitstunde noch dazwischen befinden.) In der Reitersprache sagt man: Der Reiter soll *Knieschluß* haben.
Die *Unterschenkel* hängen locker an den Seiten herab. Das heißt nun nicht, daß Sie alles, was sich unterhalb des Knies befindet, »wie die letzten Bananen« herumschlenkern lassen (beliebter Reitlehrerausspruch). Achten Sie darauf, auch mit der *Wade* stets in Fühlung mit dem Pferdeleib zu sein.
Die *Füße* stecken in den Steigbügeln, jedoch nur bis zum Fußballen, der belastet wird. Die *Fußspitzen* sind leicht nach innen gedreht und nach oben gerichtet. Die Ferse bildet den tiefsten Punkt des Reiters.

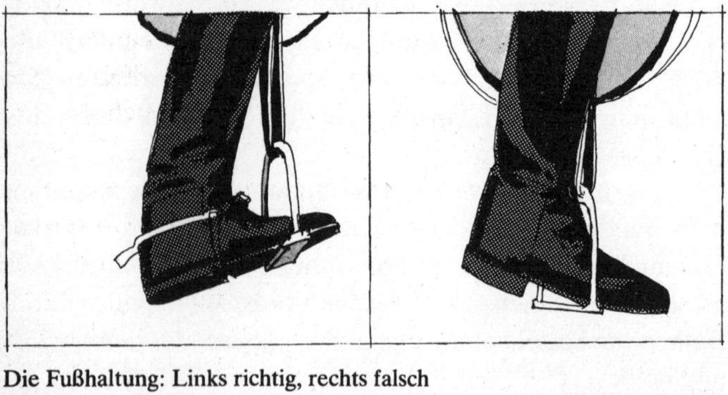

Die Fußhaltung: Links richtig, rechts falsch

Den *Oberkörper* halten Sie bitte immer gerade, wobei Sie die *Schultern* zwanglos etwas nach hinten nehmen. Hüten Sie sich aber vor einer übertriebenen »Habachtstellung«. Erstens wird Ihnen so nie eine korrekte *Kreuzeinwirkung* gelingen (dazu kommen wir im übernächsten Kapitel), zweitens wird Ihr Kreuz aufgrund dieser unnatürlichen Haltung schnell zu schmerzen anfangen.

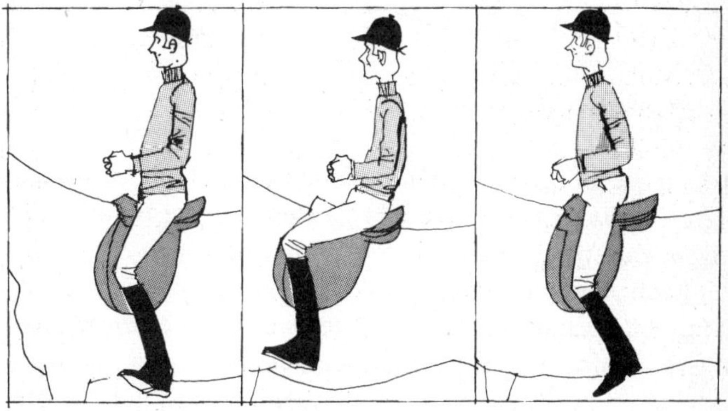

Der Sitz des Reiters

Links: Die korrekte Haltung. Mitte: Fehlerhafte Haltung; der Reiter sitzt im sogenannten Stuhlsitz. Rechts: Verkrampfte und fehlerhafte Haltung, der Reiter sitzt im sogenannten Spaltsitz

Halten Sie den *Kopf* gerade und erhoben. Ein Tip: Schauen Sie während des Reitens vorne zwischen den Pferdeohren hindurch und nicht nach unten (dabei würde sich zwangsläufig die Haltung Ihres Kreuzes verändern).
Ihre *Oberarme* müssen gerade herunterhängen, die *Ellenbogen* liegen leicht an den Hüften an, und die *Unterarme* werden so gehalten, daß Zügel, Unterarm und Handrücken in einer geraden Linie zum Pferdemaul führen.

Die Handhaltung des Reiters: Links richtig, rechts falsch

Wenn Sie all das beachten, befinden Sie sich im korrekten *Dressursitz,* dem Sitz, den Sie zum Reiten in der Bahn benötigen. Zusätzlich zu diesem Sitz gibt es noch den *Springsitz* und den *Jagd-* oder *Geländesitz.* Damit will ich Sie aber im Moment noch nicht behelligen. Ich werde Ihnen diese Sitzweisen bei den jeweiligen Fachgebieten erklären. Sie werden wahrscheinlich schon genug damit zu tun haben, sich vorerst den Dressursitz anzugewöhnen.
Zugegeben, das alles klingt reichlich kompliziert und konstruiert; es ist aber unerläßlich, um eine Harmonie zwischen Reiter und Pferd zu erreichen. Ihre Gelenke und Muskeln müssen lernen, sich den Bewegungen des Pferdes anzupassen. Denn eines sollten Sie sich merken: Das Ziel in der Reitkunst ist, daß Reiter und Pferd in sämtlichen Bewegungsabläufen eine Einheit bilden.
Wieder ein Tip: Prägen Sie sich, bis Ihnen der richtige Sitz in Fleisch und Blut übergegangen ist, die folgenden Stichworte ein. Sagen Sie sich diese von Zeit zu Zeit während des Reitens vor; auf diese Weise können Sie sich selber kontrollieren.

Oberkörper gerade –
Kopf hoch –
Schultern zurück –
Ellenbogen an die Hüfte –
Hüften nach vorne –
Knie zu –
Unterschenkel ans Pferd –
Absatz tief –
Fußspitzen nach vorn.

Sie werden merken, daß sich diese Aufstellung in etwa mit dem deckt, was Ihnen der Reitlehrer die erste Zeit ständig zuruft. Stören Sie sich nicht daran, daß er dies mit wachsender Ungeduld tun wird. Ein Reitlehrer, der Sie auch nicht einmal anbrüllt, wird Ihnen so schnell nichts beibringen können.

Zügelhaltung

Auch hier sind Grundregeln zu beachten. Als erstes merken Sie sich bitte, daß man *Zügel* laut Reitersprache nicht »anfaßt« oder »in die Hände nimmt«; sie werden *»aufgenommen«*. Als zweites sollten Sie sich wieder in Erinnerung rufen (und nie mehr vergessen), daß die Zügel nicht zum Festhalten dienen. Sie könnten – wie bereits ausgeführt – Ihrem Pferd im Maul empfindlich weh tun. Die Zügel haben lediglich die Verbindung zwischen Reiterhand und Pferdemaul herzustellen: sie sollen führen. Diese Verbindung ermöglicht den direkten Kontakt zwischen Pferd und Reiter. Wenn Sie die Zügel aufnehmen, achten Sie darauf, daß diese nicht verdreht sind. Sie müssen vom Trensenring bis zu Ihren Händen glatt verlaufen.

Die Zügel werden von oben jeweils zwischen dem kleinen und dem Ringfinger hindurchgezogen und laufen über den Zeigefinger aus den zu Fäusten geballten Händen wieder hinaus. Über dem Zeigefinger wird der Zügel mit leicht gekrümmtem, dachförmigem Daumen festgehalten.

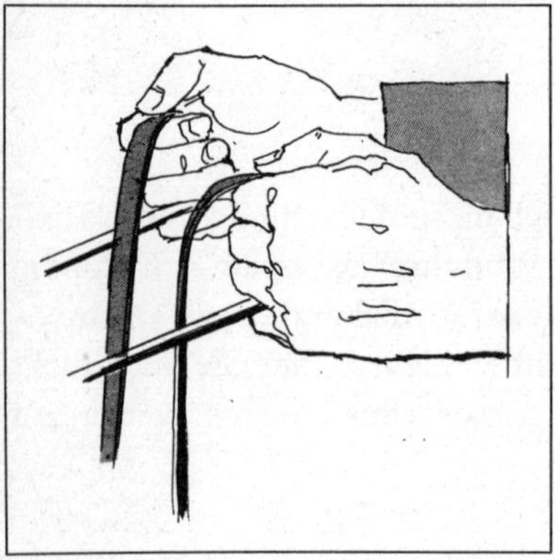

Die richtige Zügelhaltung

Auf richtige und ruhige Handhaltung müssen Sie stets achten. Die *Fäuste* stehen senkrecht zum Pferd. Gewöhnen Sie sich das von Anfang an an. Sie werden nämlich merken, daß Sie ganz instinktiv dazu neigen, die Handrücken nach oben zu drehen (man nennt das dann: *verdeckte Fäuste*). Ebenso falsch ist es, die Hände nach außen abzuwinkeln.
Eine optimale Einwirkung auf Ihr Pferd werden Sie aber nur mit richtiger Handstellung und der daraus folgenden richtigen Zügelführung erreichen. Halten Sie die *Hände* mit den Zügeln etwa eine Handbreit über dem Sattelzwiesel. Der Abstand zwischen Ihren beiden Händen sollte ebenfalls etwa eine Handbreit betragen.

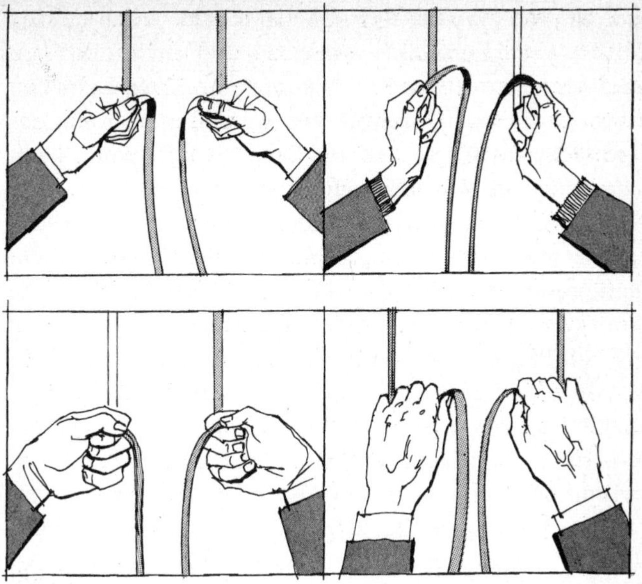

Die Handhaltung

Oben links: Korrekte Handhaltung. Oben rechts: Abgespreizte und steife Handhaltung. Unten links: Eingedrehte Fäuste. Unten rechts: Verdeckte Fäuste

Die Longe

Ihre ersten Reitversuche werden Sie sowieso (hoffentlich! – sonst rate ich Ihnen, schleunigst den Reitstall zu wechseln) an der *Longe* starten.

Die Longe ist eine Leine von ungefähr sieben Meter Länge, die auf der einen Seite vom Reitlehrer in der rechten oder linken Hand gehalten wird, je nachdem, auf welcher Hand das Pferd geht (s. S. 71, 72). Das Pferd läuft im Kreis, dem *Longierzirkel,* um den *Longenführer* herum, der sich im Mittelpunkt dieses Kreisbogens stets mit Front zum Pferd mitdreht. Wie groß der Kreis ist, hängt davon ab, wie kurz oder lang er die Longe läßt. Nur selten werden die gesamten sieben Meter ausgelassen, da es öfter vorkommen kann, daß die Longe ein wenig nachgelassen werden muß, wenn das Pferd vielleicht scheut und zur Seite springt. Wenn dann nicht genügend Nachlaßmöglichkeit der Leine vorhanden ist, kann sie Ihnen entrissen werden. Daher ist sie auch stets geordnet und sorgfältig eingeschlagen in der Hand zu halten. Die führende Hand bewegt sich in Höhe des Pferdemauls. Es muß darauf geachtet werden, daß stets die Verbindung zwischen Pferdemaul und führender Hand vorhanden ist, die Longe darf also niemals durchhängen. In der jeweils freien Hand, der äußeren, hält der Longenführer die *Longierpeitsche.* Diese muß lang genug sein, um das Pferd vom Kreismittelpunkt aus stets erreichen zu können. Um das Pferd vorwärts zu treiben, zeigt die Spitze der Longierpeitsche in Richtung auf die Sprunggelenke des Pferdes. Zur weiteren Anregung kann die Peitsche leicht von hinten nach vorne bewegt werden. Verkleinert das Pferd von sich aus den Kreisbogen, zeigt der Longenführer mit der Peitschenspitze in Richtung auf die Schultern des Pferdes.

Reiten an der Longe

Für Sie als Anfänger ist das Reiten an der Longe von großer Wichtigkeit. Longierstunden stellen Einzelunterricht dar; der Reitlehrer ist deswegen in der Lage, sich besonders intensiv mit Ihnen zu beschäftigen. Er kann sich auf Ihre Haltung und Ihre Balance konzentrieren. Hier wird sozusagen die Basis für Ihr späteres Reiten geschaffen. Gerade die Balance – ich kann es nicht oft genug sagen – ist von großer Bedeutung. Nur mit ihrer Hilfe soll sich der Reiter auf dem Pferd halten, nicht durch Festklammern mit den Beinen oder gar durch Festhalten am Zügel.

Die Hilfen

Nachdem Sie jetzt also zumindest schon theoretisch beherrschen, wie Sie sitzen müssen, ist der nächste Schritt, daß Sie lernen, wie Sie dem Pferd mitteilen können, was es tun und lassen soll. Das Pferd ist seit Beginn seiner Ausbildung an bestimmte, vom Reiter ausgehende Signale gewöhnt worden, auf die es reflexartig reagiert. Diese Signale stellen sozusagen die zwischen Reiter und Pferd existierende »Sprache« dar. In der Reitersprache sagt man, daß der Reiter *»mit Hilfen auf das Pferd einwirkt«*.
Bevor ich Ihnen die Hilfen erkläre, scheint es mir wichtig, Ihnen noch einmal das »Seelenleben« Ihres Pferdes nahezubringen.
Ein Pferd ist in der Regel gefügig und willig (natürlich gibt es wie immer Ausnahmen, die die Regel bestätigen). Vor allem die »alten Hasen«, die Schulpferde, wissen, worum es geht. Vergessen Sie aber nie, daß jedes Pferd anders ist. Es wird nie ein Patentrezept für das Reiten und für den Umgang mit einem Pferd geben. Sie haben es mit einem Lebewesen zu tun, das wie Sie Stimmungen unterworfen ist, auf

das Sie sich also individuell einstellen müssen. Ja, man kann sagen, daß ein Pferd aufgrund seines Instinktes sogar sensibler reagiert als ein Mensch.
Nun aber zu den *Hilfen.* ss gibt drei verschiedene Arten:

1. *Gewichtshilfen* (dabei wirken Sie durch Gewichtsverlagerung auf Ihr Pferd ein).
2. *Schenkelhilfen* (unterschiedlich starke Druckausübung Ihrer Schenkel auf den Pferdeleib).
3. *Zügelhilfen* (Einwirkung auf das Pferdemaul durch verschieden starken Anzug der Zügel).

Bevor ich Ihnen nun die Begriffe erkläre, etwas Grundsätzliches: Alle Hilfen wirken nie allein für sich, sondern immer nur in Verbindung miteinander, eine die andere ergänzend. Zunächst also die Bedeutung der einzelnen Hilfen, sozusagen der technische Ablauf. Anwenden und Ausführen werden zu den einzelnen Reitfiguren erklärt.

1. Gewichtshilfen: Es kommt darauf an, daß Ihr eigener Schwerpunkt stets mit dem des Pferdes in Einklang gebracht werden muß. Der gerade zu Pferde sitzende Reiter hat sein Gewicht auf beide Gesäßknochen und das Schambein verteilt; sein Schwerpunkt liegt senkrecht über dem Schwerpunkt des Pferdes. Wenn Sie Ihr Gewicht nach rechts verlagern, sich also vermehrt auf den rechten Gesäßknochen setzen und damit auch Ihren Schwerpunkt nach rechts verlagern, so paßt sich das Pferd zum Ausgleich des Schwerpunktes (wie Sie schon wissen, soll der Schwerpunkt des Reiters immer über dem des Pferdes liegen) Ihren Bewegungen an. Es balanciert sozusagen die Gewichtsschwerpunkte aus. Das einseitige Verlagern Ihres Gewichts ist die Aufforderung an Ihr Pferd, seine Richtung zu ändern oder sich zu biegen.

Nehmen wir an, Sie wollen nach rechts reiten. In dem Moment, in dem Sie Ihr Gewicht nach rechts verlagern, müssen Sie sich auch etwas vermehrt nach rechts neigen und den rechten Steigbügel verstärkt austreten. Diesem Druck wird das Pferd folgen; es geht nach rechts. Unter Neigen verstehen Sie jetzt bitte nicht, daß Sie sich regelrecht hinauslehnen sollen.
Merken Sie sich: Sie müssen entsprechend der Biegung des Pferdekörpers Ihre Hüften und Schultern *parallel* zu den Hüften und Schultern des Pferdes gestellt halten.
Ein häufiger Anfangsfehler ist, einfach in der Hüfte einzuknicken. Gewöhnen Sie sich das gar nicht erst an. Sie erreichen dadurch nämlich keinesfalls die gewünschte Richtungsänderung, da das Gewicht auf diese Weise nicht richtig oder gar zur falschen Seite verlagert wird.

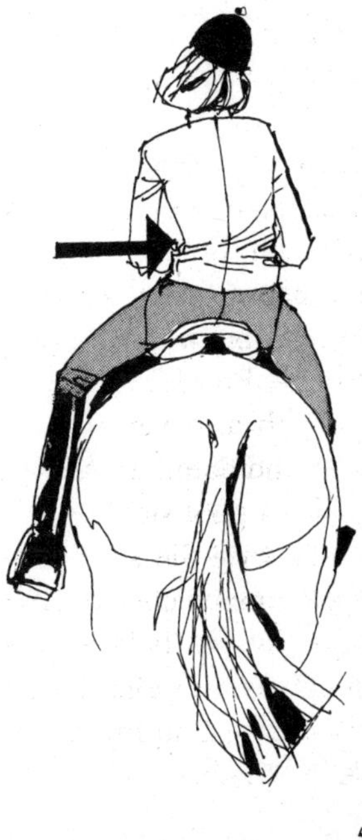

Fehlerhafter Sitz des Reiters durch Einknicken in der Hüfte

Eine andere Art der Gewichtshilfe ist die *Kreuzeinwirkung.* Dazu müssen Sie Ihr Kreuz anspannen oder anziehen. Zum Verdeutlichen, was damit gemeint ist, machen Sie doch einmal folgendes: Setzen Sie sich auf einen Stuhl oder Schemel. Versuchen Sie nun, mit dem Stuhl – ohne sich irgendwo anzuhalten – nach vorne zu kippen. Merken Sie, wie sich Ihr Kreuz anspannt und wie sich Ihr Unterkörper dabei leicht nach vorne schiebt? Genauso spielt sich die Kreuzeinwirkung auf den Pferderücken ab. Ein Tip: Bilden Sie sich ein, Sie wollten (durch den Druck des Gesäßes und das leichte Vorwärtsbewegen Ihres Unterkörpers) dem Pferd den Sattel auf die Ohren schieben. Hüten Sie sich aber davor, ein Hohlkreuz zu machen.

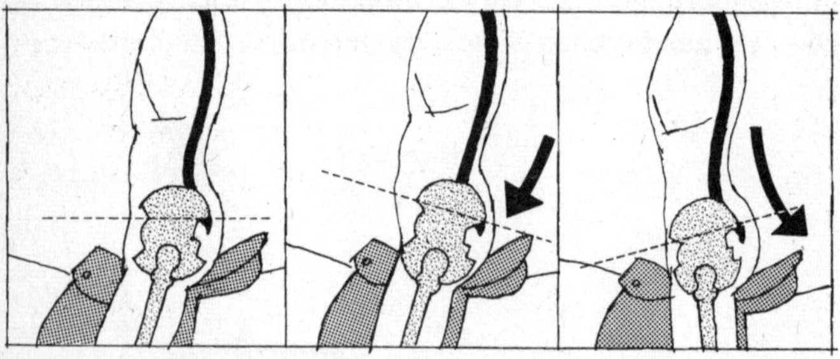

Die Kreuzeinwirkung des Reiters auf den Pferderücken

Links: Normalhaltung. Mitte: Angespanntes Kreuz. Rechts: Keine Kreuzeinwirkung durch fehlerhaften Spaltsitz

2. Schenkelhilfen: Durch unterschiedlich starkes Druckausüben Ihrer beiden Schenkel auf den Pferdekörper haben Sie eine weitere Möglichkeit, auf Ihr Pferd einzuwirken, ihm zu signalisieren, was Sie von ihm wollen. Dabei wirken Ihr rechter und linker Schenkel auf das seitlich jeweils entsprechende Hinterbein des Pferdes. Sie können damit das Pferd, im Zusammenspiel mit den anderen Hilfen natürlich, zum Vorwärts-, Seitwärts- und Rückwärtsgehen veranlassen.

Oberschenkel und Knie bleiben stets in ihrer gleichen (ruhigen) Lage am Sattel liegen. Denken Sie dabei aber auch an den *Knieschluß!* Lediglich die Unterschenkel dürfen sich um etwa eine Handbreit vor und zurück bewegen.
Mit ihnen müssen Sie sowohl *an* als auch *hinter* dem Sattelgurt auf den Pferdeleib einwirken.
Üben Sie auf beiden Seiten des Pferdes einen gleichmäßig starken Druck aus, nehmen Sie also, wie es in der Reitersprache heißt, *»die Schenkel ran«*, so treiben Sie das Pferd geradeaus vorwärts. Der treibende Unterschenkel liegt am Gurt oder ganz minimal dahinter.
Soll das Pferd seine Richtung, z. B. nach rechts, ändern, wird mit dem linken Schenkel vermehrter Druck ausgeübt. Auf der rechten Seite muß Ihr rechter Unterschenkel gleichzeitig, nun aber etwa eine Handbreit *hinter* dem Gurt, einen leichten Gegendruck erzeugen, so daß der gleichseitige Pferdehinterfuß nicht zur Seite wegweichen kann. Ihr rechter Schenkel ist in diesem Fall der sogenannte *»verwahrende Schenkel«.*

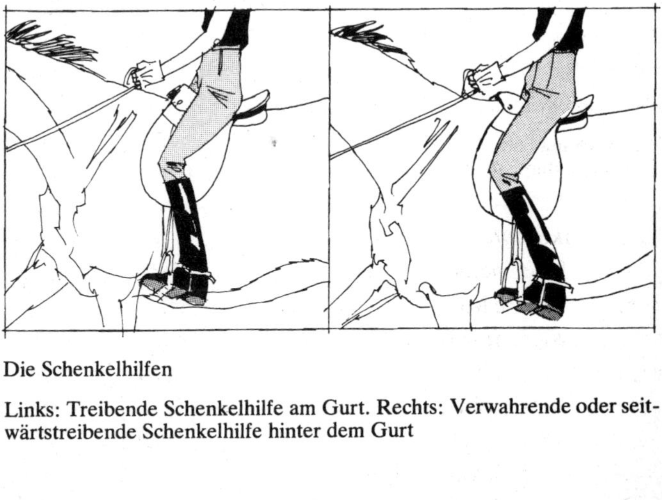

Die Schenkelhilfen

Links: Treibende Schenkelhilfe am Gurt. Rechts: Verwahrende oder seitwärtstreibende Schenkelhilfe hinter dem Gurt

Wird der verwahrende Schenkel nicht ausreichend eingesetzt, so heißt es, daß die Hinterhand des Pferdes »ausfällt«, was bedeutet: Die Hinterhand folgt nicht mehr der Spur der Vorderhand. Sie merken also, es kommt auf eine sehr präzise Hilfengebung und auf die richtige Dosierung der Intensität an. Machen Sie sich aber nun kein unnötiges Kopfzerbrechen, weil sich das so rein theoretisch alles reichlich schwierig anhört. Sie werden dieses Zusammenspiel in der Praxis – allerdings nicht ohne beständiges Üben – schon herausbekommen. Sollten Sie einen Führerschein besitzen, werden Sie sich sicher daran erinnern können, wie lange es dauerte, bis Ihnen das gleichzeitige Betätigen mehrerer Schalter und Hebel mit Händen und Füßen in Fleisch und Blut übergegangen war.

3. Zügelhilfen: Über die *Zügel* haben Sie die direkte Verbindung zum Pferdemaul. Halten Sie stets einen weichen Kontakt, und ziehen Sie dem Pferd nicht unnötig im Maul herum. Das hat es nämlich nicht gern, und es wird sich auch todsicher dagegen wehren, indem es Ihnen die Zügel durch eine ruckartige Kopfbewegung aus der Hand reißt.
Lassen Sie die Zügel aber auch nicht durchhängen. Es muß ein ständiger Kontakt zwischen Pferdemaul und Reiterhand bestehen. Das heißt in der Reitersprache, daß *»eine Anlehnung an das Pferd bestehen muß«* oder, anders ausgedrückt, daß *»die Zügel anstehen«* müssen.
In dem Moment, in dem Sie die Zügel *nachgeben* oder *annehmen,* üben Sie einen verminderten oder stärkeren Druck auf die Laden des Pferdes aus.
Annehmen der Zügel hat nichts mit Anziehen oder gar Zerren zu tun. Gemeint ist ein leichtes Eindrehen der Fäuste. (Der kleine Finger bewegt sich in Richtung zu Ihrer Hüfte.)

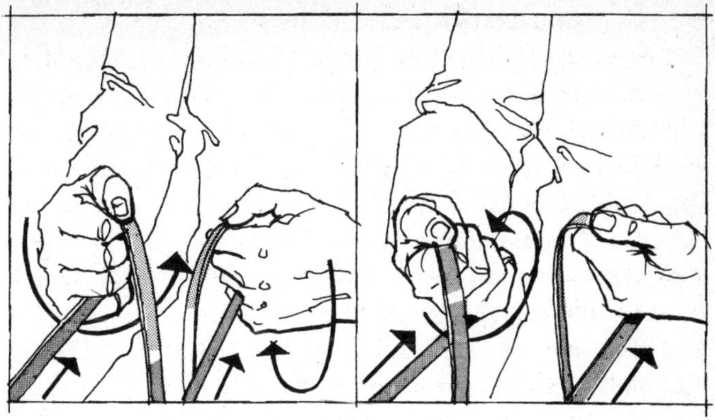

Annehmen der Zügel durch Eindrehen der Zügelfäuste

Genau umgekehrt läuft das Nachgeben der Zügel ab. Sie drehen Ihre Hände leicht aufwärts. (Der kleine Finger bewegt sich auf das Pferdemaul zu.)

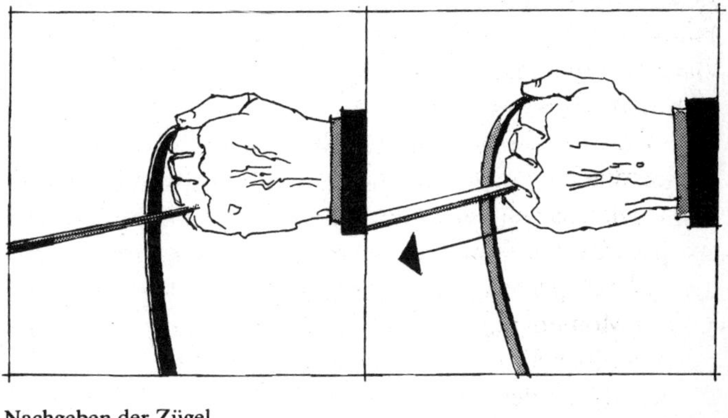

Nachgeben der Zügel

Durch Annehmen der Zügel verstärkt sich der Zug im Pferdemaul. Damit wird das Pferd (im Zusammenhang mit den in Kapitel »Paraden«, s. S. 67ff., aufgezeigten Hilfen), gewissermaßen »gebremst«. Nachgeben verringert demnach den Zug und gibt dem Pferd Bewegungsfreiheit nach vorn. Zügelhilfen können wechselseitig oder beidseitig zugleich gegeben werden. Zumeist tut eine Hand etwas anderes als die andere. Ebenso wie bei den Schenkelhilfen kann eine Hand den Zügel verwahrend halten, während die andere Hand den (zumeist inneren) Zügel etwas annimmt. Das sind jedoch Einzelheiten, die in dem Kapitel über die einzelnen Bahnfiguren eingehend erläutert werden.

Sie haben nun gelesen: Der Reiter kann mit Schenkelhilfen, Zügelhilfen und Gewichtshilfen auf das Pferd einwirken. Schenkelhilfen wirken in erster Linie *treibend,* Zügelhilfen *verhaltend,* Gewichtshilfen brauchen Sie zum *Wenden* oder *Biegen* des Pferdes. Die Einwirkung mit dem Kreuz – als Unterabteilung der Gewichtshilfen – ist das verbindende Element, die Brücke zwischen den anderen Hilfen.

Der für den Anfänger schwer zu verstehende Vorgang des Bewegungsablaufes resultiert einerseits aus den treibenden Hilfen, die das Pferd in Bewegung setzen, und andererseits aus den aufnehmenden Hilfen, die die Hinterhand zum Untertreten bringen sollen.

Der Anfänger wird erst allmählich begreifen, wieso der Reiter einerseits sein Pferd treiben, andererseits aber gleichzeitig den Bewegungsablauf mindern oder stoppen muß.

Sie müssen die technischen Abläufe der einzelnen Hilfen allmählich kennen- und fühlen lernen, sie in harmonischen Einklang miteinander bringen. Dabei wird das Pferd Ihr bester Reitlehrer sein. Es wird Ihnen zu verstehen geben, Sie spüren lassen, was Sie falsch machen. Sie müssen diese »Sprache« Ihres Pferdes lediglich verstehen lernen. Wenn Sie Ihre Hilfen richtig und mit dem nötigen Einfühlungsvermögen geben, wird Ihnen das Ihr Pferd danken, indem es gelöst, mit elastisch federndem Rücken und gewölbtem Hals unter Ihnen geht und Ihren Hilfen willig folgt.

Hingegen bedeutet zum Beispiel ein Kopfschlagen oder ein Festbeißen auf dem Gebiß meist, daß Sie zu stark mit den Zügeln im Maul des Pferdes herumziehen.
Schlägt das Pferd vielfach mit dem Schweif, bedeutet das: Sie schlagen zu unruhig mit Ihren Unterschenkeln gegen den Pferdeleib.
Merken Sie sich vielleicht eine Faustregel: Das Pferd ist immer so hart wie die Hand des Reiters. Entscheidend ist nicht die *Stärke* der Hilfen; ausschlaggebend ist, ob sie *zum richtigen Zeitpunkt* gegeben werden. Sollten Sie sich also eines Tages einmal darüber beklagen, daß Ihr Pferd *»so hart im Maul«* ist, wäre es ratsam, Sie würden sich vorher über Ihre eigene harte Hand Gedanken machen.
Nach einiger Zeit, wenn Sie über die Anfangsschwierigkeiten hinaus sind, werden Sie den Unterschied merken, ob ein Pferd unter einem Reiter steif und verkrampft oder – wie es sein soll – *in völliger »Losgelassenheit«* geht. Ein Pferd hat seine Losgelassenheit erreicht, wenn es mit ruhigen, raumgreifenden Tritten vorwärts geht und im Rücken gleichmäßig schwingt, so daß der Reiter ohne Mühe und Kraftanstrengung im Sattel »kleben« kann.
Als zusätzliche Hilfsmittel will ich Ihnen *Sporen* und *Gerte* nicht vorenthalten. Nichts gegen Sporen. Sie können sehr nützlich und ab und an sogar notwendig sein. Sie jedoch sollten sie, solange Sie noch keinen Balancesitz und somit keine absolut ruhige Beinhaltung erreicht haben, von Ihren Stiefeln lassen. Mit Sporen darf der Pferdekörper nur leicht und vor allem kontrolliert angetippt werden. Merken Sie sich: Sporen stellen Hilfs- und keine Strafmittel dar! (Es gibt Reiter, die der Meinung sind, ihren Pferden die Sporen »reinhauen« zu müssen, wenn diese nicht gleich gehorchen wollen. Diesen sollte man jedoch ihr Lehrgeld wiedergeben.)
Solange Sie also noch unkontrolliert mit Ihren Beinen am

Pferdeleib herumtrommeln und bis Sie nicht mehr »wie eine Kartoffel in der heißen Butter« (Reiterjargon) auf dem Pferd »herumschwimmen«, lassen Sie die Finger bzw. die Füße von den Sporen. (Verlassen Sie sich auf Ihren Reitlehrer. Er wird Ihnen sagen, wann es soweit ist.)
Die *Gerte* können Sie getrost schon zu Anfang mit aufs Pferd nehmen. Sie ist zur Unterstützung der Schenkelhilfen oft recht gut zu gebrauchen. Wohlgemerkt: *zur* Unterstützung, nicht *anstatt* der Schenkelhilfe. Sie wird immer auf der Seite getragen, die dem Inneren der Reitbahn zugewandt ist. Es versteht sich von selbst, daß Sie mit der Gerte nicht weit ausholen und irgendwo auf das Pferd draufhauen. Geben Sie einen leichten, aber spürbaren Schlag auf die Flanke des Pferdes. Manchmal genügt auch schon ein leichtes Antippen.
Die Stimme als Hilfsmittel: Sie werden vielleicht lächeln, aber Ihre *Stimme* ist in der Tat ein nicht zu unterschätzendes Hilfsmittel. Je nachdem, wieviel Intensität Sie in Ihre Stimme legen, kann diese entweder beruhigend oder aufmunternd und anfeuernd auf das Pferd wirken. Seien Sie aber auf jeden Fall vorsichtig mit der Anwendung Ihres stimmlichen Hilfsmittels. Vermeiden Sie unbedingt schrille und herrisch klingende Töne. Sie können auch mit weicher und dunkler Stimme eine gewisse Bestimmtheit zum Ausdruck bringen. Schrille Töne wirken nicht anfeuernd auf das Pferd, sondern machen es ängstlich und nervös.

Die Paraden

Bei den Paraden werden Sie nun sehen, auf welche Weise ein Zusammenspiel der Hilfen wirken kann und muß.
Das Pferd soll seinen Schwung für jede unter dem Reiter ausgeführte Bewegung aus seiner Hinterhand holen. Man sagt, das Pferd soll *»von hinten nach vorne«* geritten werden, es soll untertreten und somit die Last seines eigenen Körpers und die seines Reiters mit der Hinterhand aufnehmen. Der Reiter hat mit seinen Schenkel-, Gewichts- und Kreuzeinwirkungen darauf maßgeblichen Einfluß. Die Zügeleinwirkungen bilden das regulierende Element. In dem Verhältnis, in dem der Reiter diese Hilfen anwendet, reagiert das Pferd. Zur Verdeutlichung ein Beispiel: Wenn Sie Ihr Kreuz anspannen, Ihre Schenkel mehr oder weniger stark anlegen und die Zügel nachgeben, so üben Sie eine vorwärtstreibende Wirkung auf das Pferd aus. Nehmen Sie dabei aber die Zügel an, so pariert das Pferd durch, zur halben oder ganzen Parade.
Man unterscheidet also ganze und halbe *Paraden.*
Die *ganze Parade* dient dazu, das Pferd zum Anhalten zu bringen, gleichgültig, ob aus Schritt, Trab oder Galopp.
Die *halbe Parade* bewirkt einen Übergang von einer höheren in eine niedrigere Gangart, zum Beispiel vom Galopp zum Trab; sie kann aber auch ein Verkürzen (Verlangsamen) des Tempos erreichen. Darüber hinaus wird eine halbe Parade als Achtungszeichen für das Pferd verwendet. Etwa in dem Sinn: Achtung! Aufgepaßt! Jetzt passiert etwas. Jetzt kommt eine neue Aufgabe!
Wie reiten Sie nun eine halbe Parade? Spannen Sie Ihr Kreuz an, treiben Sie gleichzeitig mit den Schenkeln vorwärts. Nach der Intensität des Zügelannehmens richtet es sich nun, ob das Pferd seine Gangart verkürzen – bzw., wie es auch heißt, *»versammelter«* gehen – soll, ob es gar zu ei-

ner niedrigeren Gangart überwechseln oder ob es lediglich auf etwas aufmerksam gemacht werden soll.
Wenn Sie Ihr Pferd zum Halten bringen wollen, müssen Sie, wie ja bereits oben erklärt, eine ganze Parade geben. Diese wird zunächst durch mehrere halbe (Achtungs-)Paraden eingeleitet. Sodann folgen: verstärkte Kreuzeinwirkung, vermehrt treibende Schenkel, verbunden mit gleichzeitigem, verstärktem Annehmen der Zügel. Es kann nicht oft genug gesagt werden: Dabei bitte nicht am Pferdemaul ziehen! Sobald das Pferd zum Stehen gekommen ist, müssen die Zügel sofort wieder nachgegeben werden.
Merken Sie sich: Auf jede *annehmende* soll eine *nachgebende* Zügelhilfe folgen. Zugegeben: Es klingt sicher ausgesprochen paradox, daß man eine Bewegung durch vorwärtstreibende Kraft aufzuhalten vermag. Bei Fehlen der treibenden Hilfen würde das Pferd jedoch nur über den Zug im Maul angehalten werden, es würde seinen Schwung über die Vorderhand auffangen (also auf der Vorderhand parieren) müssen, was die Gelenke zu sehr beanspruchte. Das Pferd könnte also auf die Dauer Schaden nehmen.
Außerdem wäre das Pferd, einmal abgesehen davon, daß Paraden auf diese Weise in ein Ziehen ausarten würden, aufgrund seiner physischen Kräfte letzten Endes in jedem Fall überlegen.
Beim richtigen Durchparieren wird das Pferd mit vermehrt untertretender Hinterhand von hinten nach vorne gegen den durch Annehmen und Nachgeben regulierend wirkenden Zügel angeritten. Beim korrekten Durchparieren müssen Sie das Gefühl haben, Ihr Pferd würde vorn größer (es soll sozusagen der Eindruck eines bergaufgehenden Pferdes entstehen).
In Wahrheit jedoch ist das Pferd aufgrund des »Untertretens« der Hinterhand hinten niedriger geworden. Wird es jedoch im umgekehrten Fall hinten höher, so haben Ihre

treibenden Hilfen gefehlt, und das Pferd hat über die Vorderhand pariert.

Die Parade

Links: Korrektes Durchparieren auf der Hinterhand
Rechts: Fehlerhaftes Durchparieren auf der Vorderhand

Das Reiten in der Bahn

Die Reitbahn und allgemeine Regeln zum Reiten in der Bahn

Eine *Reithalle* hat in den meisten Fällen die Ausmaße von 20 × 40 m. Bei großen Reitvereinen, wo also viele Pferde auf einmal in der Halle bewegt werden, steht (hoffentlich) eine dementsprechend größere Reithalle zur Verfügung, und zwar 20 × 60 m.

Rings um die gesamte Bahn verläuft die *Bande,* eine nach innen leicht abgeschrägte Holzverkleidung. Sie ist abgeschrägt, damit der Reiter nicht mit seinen Knien oder den Steigbügeln an der Wand entlangschleift. Der Bande entlang verläuft der *Hufschlag,* der Weg, den Sie mit Ihrem Pferd reiten, präziser ausgedrückt: der *äußere* oder auch der *erste* Hufschlag. Ein bis zwei Meter weiter innen verläuft der *innere,* der *zweite* Hufschlag. Sehen Sie sich die folgende Illustration an. Dort sind an der *kurzen* und *langen* Bandenseite bestimmte Symbole und Zeichen aufgemalt. Die gleichen Zeichen werden Sie auch in Ihrer Reitbahn wiederfinden. Sie helfen dem Reiter, die vorgeschriebenen Wege in der Bahn korrekt zu reiten.

Die Buchstaben sind international einheitlich festgelegt und sollen bei Prüfungen und Turnieren die vorgeschriebenen Wege deutlich machen.

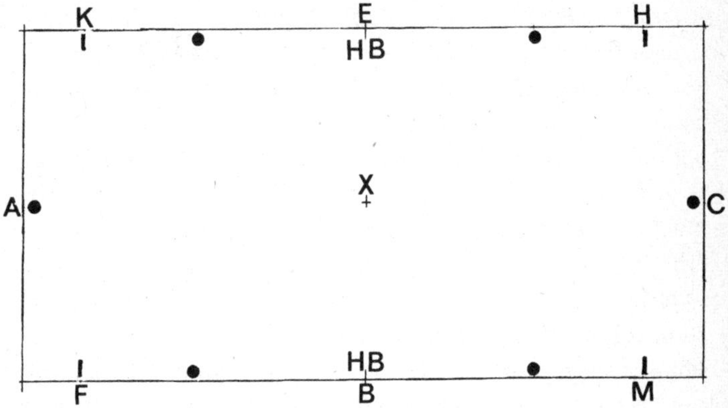

Die internationale Bezeichnung einer Reitbahn (40 × 20 m)

In der Mitte der beiden langen Bahnseiten finden Sie die *HB-(Halbe-Bahn-)Punkte.*
Die schwarzen Kreise bezeichnen die Mitte der kurzen und die Viertel der langen Seite. Sie werden *Parade-* oder *Zirkelpunkte* genannt. Als letztes bleiben noch die dicken senkrechten Striche, die etwa sechs Meter von den Ecken entfernt an den langen Seiten angebracht sind und die als *Wechselpunkte* bezeichnet werden.
Die Reitbahn besitzt einige unsichtbare festgelegte »Straßen«, die sogenannten *Bahnfiguren.* Darüber erfahren Sie Ausführlicheres auf S. 105ff.
Zunächst müssen Sie sich noch einige weitere Grundbegriffe einprägen. Sie können den Hufschlag einmal *rechtsherum,* einmal *linksherum* reiten. Wenn die rechte Seite (von Reiter und Pferd) dem Inneren der Reitbahn zugewandt ist, so be-

finden sich beide, wie es fachlich heißt, *auf der rechten Hand*. Andersherum ist es natürlich genau umgekehrt; es wird dann *auf der linken Hand* geritten.
Es wird in der Regel – Einzelunterricht ausgenommen – in einer *geschlossenen Abteilung* geritten. Auf das Kommando des Reitlehrers »Abteilung bilden im Schritt!« reihen sich die Reiter in der vom Reitlehrer angegebenen Reihenfolge hintereinander auf. Am Anfang der Abteilung befindet sich die *Tête* (der *Têtenreiter*. Ausgesprochen: ›Tät‹ bzw. ›Tätenreiter‹). Zwischen den einzelnen Reitern muß stets eine Pferdelänge Abstand beibehalten werden. (Ein Tip: Wenn Sie die Hufe des vorangehenden Pferdes zwischen den Ohren des eigenen Pferdes hindurch sehen, stimmt Ihr Abstand.) Damit jeder Reiter lernt, wirklich für sich zu reiten, also sein Pferd nicht einfach hinter dem anderen hertrotten zu lassen, verfügt der Reitlehrer des öfteren das *»Durcheinanderreiten«*. Dabei kann im Grunde jeder reiten, *wie*, und das üben, *was* er gerade möchte. Ein paar gemeinsame Regeln müssen jedoch auch in diesem Fall eingehalten werden, um kein totales Chaos herbeizuführen. Alle reiten zunächst stets auf der gleichen Hand, bis das Kommando *»Handwechsel!«* erfolgt. Wer Schritt reitet, während andere vielleicht traben oder galoppieren, nimmt den zweiten Hufschlag. Zwischen Trab und Galopp gibt es keine besonderen Vorschriften. Da gilt: Wer schneller reitet, überholt auf der Innenseite. Sind nur wenige Reiter in der Bahn, kann eventuell auch einmal auf zwei Händen geritten werden. Dann gilt: Die linke Hand hat *»Vorritt«*. Es herrscht also – wie auf der Straße – Rechtsverkehr. Wer auf dem »Zirkel« reitet (s. S. 109), muß dem, der »ganze Bahn« reitet (s. S. 106) ausweichen bzw. den Hufschlag freimachen. Ganz allgemein gilt noch: Wer halten will, geht entweder auf dem dritten Hufschlag oder stellt sich gleich in der Mitte der Bahn auf.

Abschließend noch etwas ganz Wichtiges: Es geht um das *Betreten der Reitbahn.* Wollen Sie einmal allein oder als erster von mehreren eine Reitbahn betreten, in der bereits geritten wird, so rufen Sie laut und hörbar: »Tür frei, bitte.« Die Reiter, die sich schon in der Bahn befinden, werden Ihrem Wunsch nachkommen und nicht an der Tür vorbeireiten. Auf die Antwort »Tür ist frei« öffnen Sie die Tür und können, ohne sich und die anderen zu behindern bzw. zu gefährden, die Bahn betreten. Danach schließen Sie (oder der letzte, der hindurchgeht) wieder sorgfältig die Tür und stellen sich zum Aufsitzen (s. S. 46) mit Ihrem Pferd in die Bahnmitte, Front zur Tribüne oder zu den Zuschauern.

Die Gangarten

Wie Sie wahrscheinlich schon längst mitbekommen haben, werden einem Pferd drei Gangarten zugerechnet. In der Reihenfolge ihrer Schnelligkeit sind das:

1. Schritt,
2. Trab und
3. Galopp.

Schauen wir uns die Gangarten zunächst einmal rein technisch an.
Der *Schritt* ist die ruhigste und langsamste der drei Arten, gewissermaßen eine gleichmäßige Bewegung im Vierertakt. Schauen Sie sich an folgendem Beispiel die Reihenfolge einer *Fußfolge* an, beginnend mit dem linken Hinterfuß:

a) linker Hinterfuß,
b) linker Vorderfuß,
c) rechter Hinterfuß,
d) rechter Vorderfuß.

Der Bewegungsablauf des Pferdes im Schritt

Der Bewegungsablauf des Pferdes im Trab

Die Sprungfolgen des Galopps

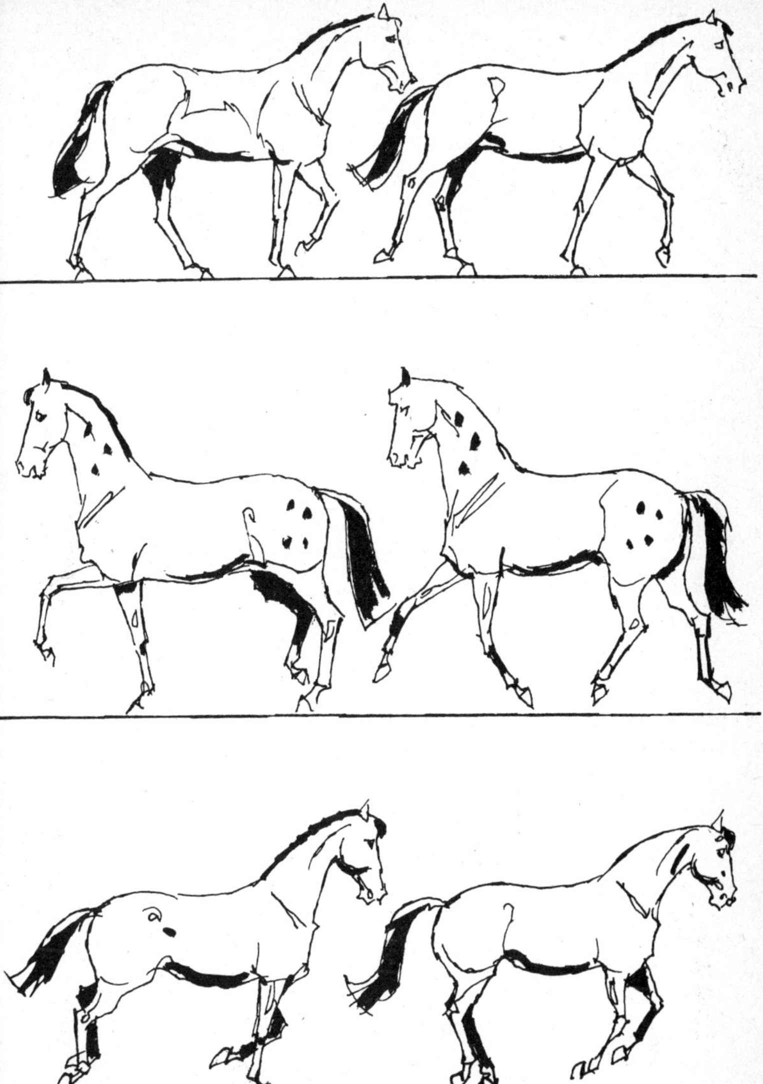

Wenn Sie mit Ihrem Pferd im Schritt einmal über Beton- oder Asphaltboden gehen, werden Sie besonders deutlich die vier hintereinanderfolgenden *»Auffußungen«* hören.

Der *Trab* ist eine Bewegung im Zweiertakt, bei der jeweils die diagonalen Beinpaare gleichzeitig angehoben oder aufgesetzt werden. Sie hören hier lediglich zweimaliges Aufsetzen der Hufe. Die Fußfolge ist dann folgendermaßen:

a) rechter Hinterfuß gleichzeitig mit linkem Vorderfuß,
b) linker Hinterfuß gleichzeitig mit rechtem Vorderfuß.

Der *Galopp* setzt sich aus einer Folge von Sprüngen zusammen. Die Fußfolge ergibt einen Dreiertakt. Zu hören sind also drei Auffußungen mit anschließender Pause, der Schwebe.
Man unterscheidet den *Linksgalopp* und den *Rechtsgalopp*, je nachdem, ob das rechte oder linke Beinpaar weiter vorgreift. (Das haben Sie wahrscheinlich so auf die Schnelle nicht recht verstanden. Da es sich hier um eine sehr wichtige Sache handelt, wird diese Unterscheidung eingehend auf S. 87 behandelt werden.)
Hier zunächst das Beispiel einer Fußfolge im Linksgalopp, nach der Schwebephase:

a) rechter Hinterfuß,
b) linker Hinter- und rechter Vorderfuß,
c) linker Vorderfuß – Schwebephase.

Jede dieser Gangarten kann in verschiedenen Geschwindigkeiten, d. h. mit unterschiedlicher Intensität, geritten werden. Man nennt das die verschiedenen *»Gangmaße«* oder *»Tempi«*. Darauf gehe ich ein, wenn wir uns die verschiedenen Gangarten näher betrachten.

Anreiten und Schritt reiten

Der Schritt wird für Sie als Anfänger zu Beginn am leichtesten zu reiten sein, da er die schwungloseste aller Gangarten ist. Denken Sie jedoch nicht, daß es deshalb eine langweilige Gangart ist. Ihr Pferd soll fleißig vorwärts gehen und nicht schlapp oder schläfrig vor sich hin schlurfen.
Reiten Sie aber nun erst einmal an. Sie sitzen sicherlich schon korrekt im Sattel, haben noch einmal alles überprüft (Bügel, Gurt usw.) und außerdem die Zügel aufgenommen. Jetzt kommt das Kommando des Reitlehrers: »Abteilung – marsch!« Nun also: Kreuz anspannen, gleichmäßigen Schenkeldruck rechts und links am Sattelgurt (notfalls etwas gegen den Pferdeleib klopfen, also treiben und die Gerte zum Einsatz bringen), Zügel etwas nachgeben. Lassen Sie die entsprechende Bewegung sozusagen durch leichtes Nachgeben mit den Zügeln »nach vorne hinaus«.
Vorsicht! Wenn das Pferd sich jetzt in Bewegung setzt, bitte nicht nach vorne überfallen. Ich warne Sie davor, weil das der am häufigsten zu beobachtende Anfangsfehler ist. Bleiben Sie also aufrecht und gerade sitzen. Sie verlieren sonst Ihre Kreuzeinwirkung auf das Pferd.
Versuchen Sie nun, da Sie mit Ihrem Pferd im Schritt angeritten sind, sich auf den Rhythmus der Pferdebewegungen einzustellen. Sie werden merken, wie der Pferdeleib gleichmäßig nach rechts und links schwingt. Diesem Schwung müssen Sie sich durch Mitgehen in den Hüften anpassen. Der Oberkörper soll ruhig bleiben und nicht bei jedem Schritt vor- und zurückpendeln. (Denken Sie übrigens zwischendurch immer wieder an Ihren Sitz. Sind die Fußspitzen nach oben gerichtet, liegen die Knie an? Gehen Sie noch einmal die Aufstellung auf S. 53 durch!) Achten Sie darauf, einen gleichmäßigen Takt in der Schrittfolge aufrechtzuer-

halten. Treiben Sie also mit Ihren Unterschenkeln abwechselnd rechts, links, rechts, links usw.
Vergessen Sie nicht: Treiben bedeutet kein ständiges Trommeln gegen den Pferdeleib, sondern einen vermehrten Druck mit den Unterschenkeln. Sie sollen ruhig und entspannt auf dem Pferderücken sitzen, sich jedoch nicht spazierentragen lassen. Jeder Schritt, den das Pferd macht, soll von Ihnen bestimmt sein. Versuchen Sie, Ihr Pferd an die Hilfen zu stellen. Es soll einen elastischen und losgelösten Gang bekommen und ohne Zwang auf die Hilfen, die Sie ihm geben, reagieren.
Stellen Sie Ihre Zügelfäuste ruhig hin. Geben Sie, besonders in den Wendungen mit der äußeren Zügelfaust – gleichzeitig mit der vor- und zurückgehenden Pferdeschulter – leichte halbe Paraden. Beginnt Ihr Pferd jetzt, leicht auf dem Trensengebiß herumzukauen und bildet sich im Pferdemaul weißer Schaum, so können Sie mit Recht Ihren ersten reiterlichen Erfolg verbuchen. Sie haben Ihr Pferd nämlich *»an den Zügel gestellt«*.
Fassen wir noch einmal zusammen: Wenn Sie Ihr Pferd richtig an den Zügel stellen wollen, so darf das nicht allein durch die zügelführende Hand geschehen, sondern durch angespanntes Kreuz und treibenden Druck der Schenkel. Dadurch wird das Pferd gewissermaßen von hinten nach vorn an das Gebiß »herangeschoben«, bis es mit den Hinterbeinen untertritt, bis es Anlehnung an die Reiterhand annimmt, bis es im Genick nachgibt, Kopf und Hals trägt, und bis es beginnt, auf dem Gebiß zu kauen.
Nun reiten Sie aber nicht schlechthin einfach Schritt. Es gibt vielmehr, wie oben schon angedeutet, Unterscheidungen: die *Tempi*. Als normales Arbeitstempo wird der *Mittelschritt* geritten. Das Pferd soll hierbei fleißig, versammelt und taktmäßig vorwärts gehen. (Die Hinterhufe gehen etwas über die Spuren der Vorderhufe hinaus.)

Der *starke Schritt* muß sich deutlich vom Mittelschritt unterscheiden. Er soll so raumgreifend wie möglich sein, jedoch darf er nicht dazu führen, daß die Tritte des Pferdes übereilt oder unregelmäßig wirken. (Die Hinterhufe müssen deutlich über die Spuren der Vorderhufe hinausgreifen.) Die Zügelhand läßt den Schritt des Pferdes heraus, so daß er raumgreifender werden kann. Die Anlehnung an das Gebiß darf jedoch nicht verlorengehen.
Beim *versammelten Schritt* soll ein Höchstmaß an Versammlung des Pferdes erreicht werden.
Versammlung bedeutet, daß das Pferd mit der Hinterhand mehr Gewicht aufnehmen soll, um die Vorderhand zu entlasten. Der Schritt wird dadurch ausdrucksvoller und erhabener. (Die Hinterbeine des Pferdes sollen etwas hinter den Spuren der Vorderhufe auffußen.)
Der Gegensatz ist der *freie Schritt,* bei dem das Pferd ohne wesentliche Einwirkung des Reiters am hingegebenen Zügel geritten wird. Dabei kann sich das Pferd ausruhen, es wird ihm vollkommene Kopffreiheit gegeben, und es kann sich vor- und abwärts strecken, um seine Halsmuskeln zu dehnen.

Der freie Schritt

Zugegebenermaßen werden Sie zu Anfang mehr mit sich selbst zu tun haben, als daß Sie darauf achten könnten, ob Sie in korrektem Schrittempo reiten. Haben Sie aber nach einiger Zeit die ersten Unsicherheiten tapfer überwunden, werden Sie merken, welch echte Befriedigung Sie durch diese Sportart bekommen, welche Freude es macht, wenn dann das richtige Reiten beginnt, wenn die Fähigkeit zum Sicheinstellen auf das Pferd die technischen Schwierigkeiten vergessen läßt und wenn die ersten Ansätze einer Harmonie zwischen Reiter und Pferd sichtbar werden.

Traben und Antraben

Natürlich ist Trab nicht gleich Trab. Man unterteilt wiederum, je nach Geschwindigkeit und Grad der Versammlung des Pferdes, in:

Arbeitstrab,
versammelter Trab,
Mitteltrab und
starker Trab.

Die *Hilfen zum Antraben* entsprechen denen zum Anreiten. Kommt also vom Reitlehrer das Kommando »Abteilung im Arbeitstempo – Trab!«, so spannen Sie Ihr Kreuz vermehrter an, als es (hoffentlich) schon ist, geben eine halbe (Achtungs-)Parade und treiben kräftig mit beiden Schenkeln. In dem Augenblick, in dem das Pferd seinen ersten Trabsprung herauslassen will, geben Sie mit den Zügeln nach.
Der Reiter kann auf zwei verschiedene Arten traben. Bleibt er bei jedem *Trabtritt* im Sattel sitzen, so nennt man das

»aussitzen« oder *»deutsch traben«*. Den Gegensatz bildet *»englisch traben«*, zumeist *»leichttraben«* genannt; hier hebt sich der Reiter bei etwa jedem zweiten Trabtritt aus dem Sattel.
Lassen Sie sich zunächst erklären, was es mit dem »Aussitzen« auf sich hat.

Aussitzen und Steigbügel überschlagen

Zu Beginn wird Ihnen das Traben wahrscheinlich ziemlich unbequem vorkommen. Denn jeder Anfänger macht die Erfahrung, daß er durch das taktmäßige Traben des Pferdes im Sattel hin- und hergeworfen und herumgeschüttelt wird. Dagegen gibt es nur ein Mittel: Konzentrieren Sie sich auf Ihren Sitz. Fallen Sie nicht nach vorne über, setzen Sie sich vielmehr fest in den Sattel, und versuchen Sie, sich den Bewegungen des Pferdes anzupassen. Schieben Sie Ihr Gesäß mit angespanntem Kreuz tief in den Sattel hinein. Machen Sie sich nicht steif, sondern gehen Sie mit den Hüften den Bewegungen des Pferdes nach, Sie müssen, trotz aller »Erschütterungen« unter Ihnen, Ihr Gesäß fest im Sattel halten.

So schwer es auch am Anfang fällt: Die Hände müssen in einer Haltung verbleiben, sie sollen ruhig stehengelassen werden. Es darf nicht so aussehen, als würden Sie gerade eine Trommel schlagen. Eines Tages müßte es Ihnen gelingen, ein halbvolles Glas Wasser während des Trabens in der Hand zu halten, ohne einen Tropfen zu verschütten.
Auch beim Traben dürfen die treibenden Hilfen nicht auf-

hören. Treiben Sie jedoch nicht abwechselnd links und rechts wie beim Schrittreiten, sondern treiben Sie mit beiden Schenkeln gleichzeitig. Verfallen Sie vor allem nicht in den Fehler, sich mit den Knien festzuklammern, um einen – vermeintlichen – Halt zu bekommen. Sie sollen zwar nach wie vor den Knieschluß bewahren – auf dem Pferd »halten« dürfen Sie sich aber nur durch Balance. Und, wie schon mehrmals gesagt: auf keinen Fall die Zügel als willkommenen Haltestrick betrachten.

Umschließen Sie den Pferdeleib mit Ihren Beinen; ziehen Sie also nicht Ihre Knie hoch. Das nämlich ist eine typische Reflexbewegung, um die noch mangelnde Balancefähigkeit durch Festklammern mit den Beinen auszugleichen. Vergessen Sie außerdem nicht, daß der Stiefelabsatz den tiefsten Punkt des Reiters bilden soll.

Damit sind wir bei dem Thema Füße und Steigbügel angelangt. Sie werden anfangs denken, daß sich Ihnen da eine schier unlösbare Aufgabe stellt. Durch die Trabbewegungen, die Sie ja noch ziemlich durchschütteln, fangen Ihre Steigbügel unentwegt an zu wandern. Nach hinten oder nach vorn, wo sie dann letztlich ganz wegrutschen. Nur da, wo sie sein sollen, unter der breitesten Stelle der Stiefelsohle, da sind sie nicht. Verzagen Sie nicht! Das ist ein typisches Anfängerleiden. Sie können dieses kurieren, indem Sie den »Knieschluß« besonders ernst nehmen. Ihre Unterschenkel werden dann ruhiger und bleiben eines Tages fast von selbst in der richtigen Position.

Eine besonders gute Übung, um den richtigen Knieschluß zu erreichen, stellt *das Reiten ohne Steigbügel* dar. Auf das Kommando des Reitlehrers »Bügel überschlagen!« nehmen Sie die Füße aus den Bügeln und legen die Steigbügelriemen vor dem Sattel kreuzweise über den Pferdehals. Dann zeigt es sich, wie es um Ihre Balance bestellt ist. Doch keine Angst. Solche »Geschicklichkeitsübungen« wird man mit

Sicherheit in den ersten Stunden noch nicht von Ihnen verlangen. Glauben Sie mir: Durch häufiges Reiten ohne Bügel in allen Gangarten werden Sie mit der Zeit einen ganz korrekten und nicht zuletzt auch sicheren Sitz bekommen.

Leichttraben

Nun aber weiter im Trab, genauer gesagt, im Leichttraben. Wie schon oben erläutert, hebt der Reiter beim Leichttraben sein Gesäß in gleichmäßigem Takt aus dem Sattel. Jeder Anfänger neigt (leider) dazu, sich an den Zügeln aus dem Sattel hochzuziehen, um dann wieder ziemlich unsanft in den Sattel und auf den – dann wahrlich geplagten – Pferderücken zurückzuplumpsen. Bitte – das werden Sie sein lassen. Nach dieser notwendigen »Ermahnung« sollen Sie erfahren, wie Sie sich richtig verhalten.

Das *Leichttraben* dient dazu, das Traben für Reiter und Pferd weniger anstrengend zu machen. Dem Reiter fällt es leichter, seinen Sitz mit der schwingenden Bewegung des Trabes in Einklang zu bringen. Für das Pferd bedeutet es eine wesentliche Entlastung seines Rückens (was auf längeren Strecken, vor allem also im Gelände, wichtig ist), und es kann sich leichter lösen. (Daher wird übrigens ein Pferd nie zu Beginn einer Reitstunde, wenn es also noch mit steifen Muskeln aus dem Stall kommt, im Trab *»ausgesessen«*.)

Versuchen Sie, sich bei einem Trabtritt etwas aus dem Sattel zu heben und sich beim nächstfolgenden wieder in den Sattel zu setzen. Anders ausgedrückt bedeutet das: Sie müssen jeden zweiten Tritt im Sattel aussitzen und bei den dazwischenliegenden Tritten Ihr Gesäß aus dem Sattel heben. Diesen Rhythmus gilt es herauszufinden.

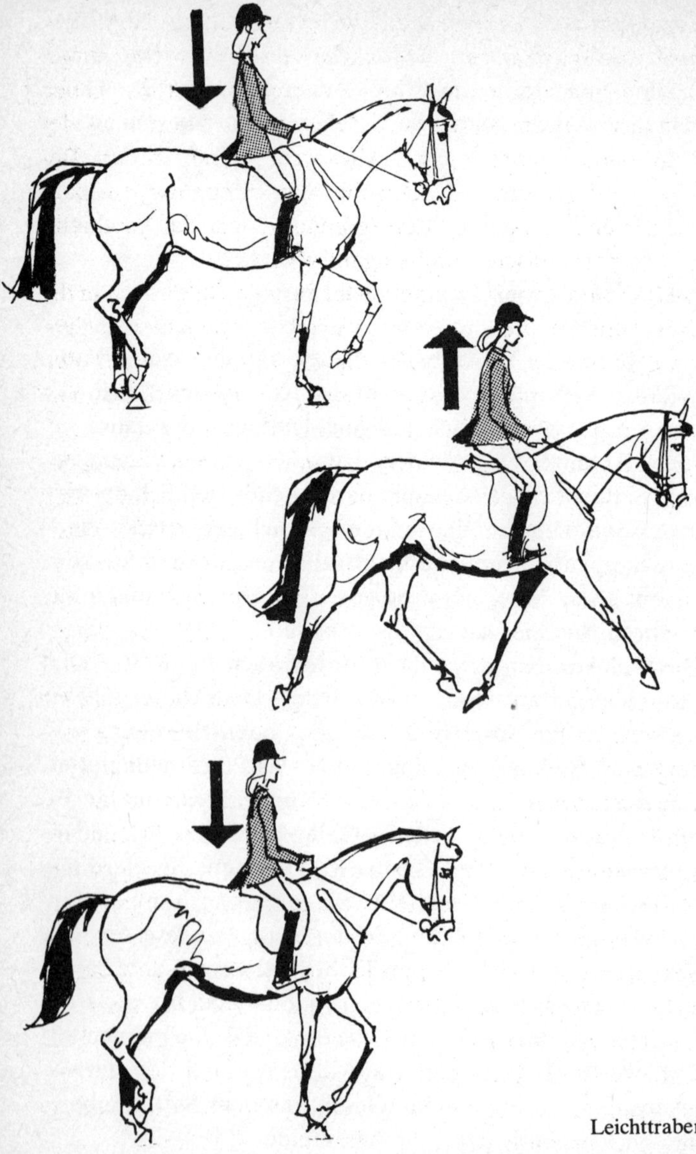

Leichttraben

Am leichtesten lernen Sie das, wenn – von Ihrem Reitlehrer oder von Ihnen selbst – im Takt mit den Trabtritten mitgezählt wird: Eins – Zwei – Eins – Zwei usw. Bei »Eins« heben Sie sich *aus* dem Sattel, bei »Zwei« setzen Sie sich wieder weich *in* den Sattel zurück. Alles stets im Takt mit der Bewegung des Pferdes. Heben Sie sich immer nur ein paar Zentimeter aus dem Sattel. Je unauffälliger das geschieht, um so harmonischer und eleganter wirkt es.

Stellen Sie sich beim Aufheben im Sattel nicht einfach in die Bügel. Sie sollen Ihr Gewicht federnd mit den Knien auffangen, wobei die Steigbügel lediglich vermehrt ausgetreten werden. Vereinfacht gesagt: Lassen Sie Ihre Knie wie eine Art Scharnier wirken. Stehen Sie nicht aus den Bügeln auf, sondern von den Knien aus. Greifen Sie ganz zu Anfang ruhig an den Vorderzwiesel des Sattels, und stützen Sie sich dort mit den Händen auf. Das wird Ihnen die Anfangsunsicherheit etwas nehmen. Sobald Sie den richtigen Rhythmus herausgefunden haben, sollten Sie aber sofort mit dem Festhalten aufhören. Verfallen Sie auf keinen Fall der Angewohnheit, beim Leichttraben nach vorne überzufallen und einen runden Rücken zu machen. Ihr Dressursitz mit angespanntem Kreuz darf nicht verlorengehen. Knie und Unterschenkel bleiben ruhig an ihrem Platz. Die treibenden Hilfen werden während der kurzen Sitzphasen ausgeführt.

Sie haben sich auf S. 76 über die Fußfolge des Pferdes im Trab informieren können. Beim Leichttraben kommt der Reiter jeweils beim Auffußen des rechten oder linken Hinterfußes des Pferdes in den Sattel. Das heißt, daß der Reiter entweder auf dem rechten oder auf dem linken Fuß trabt. Eine Reitregel besagt, daß man in der Reitbahn stets auf dem *inneren,* also dem der Mitte der Bahn zugewandten Fuß traben soll. Zur Veranschaulichung: Der Reiter läßt sich genau dann in den Sattel nieder, wenn der innere Hinterfuß des Pferdes aufsetzt.

Sobald ein *Handwechsel im Trab* erfolgt, Sie also entgegengesetzt herumreiten, muß gleichfalls ein Fußwechsel erfolgen. Damit soll ein ständig einseitiges Belasten des Pferdes vermieden werden.

Den *Fußwechsel* führen Sie durch, indem Sie einmal oder dreimal (stets in ungerader Zahl) aussitzen, sich also einen Trabsprung oder drei Sprünge werfen lassen, dann wieder aufstehen und in gleichmäßigem Trabrhythmus weiterreiten. Achtung: Das Wechseln der Gerte nicht vergessen!
Wie merken Sie aber nun, ob Sie auf dem richtigen Fuß traben? Schließlich können Sie das jeweilige Hinterbein des Pferdes vom Sattel aus so gut wie gar nicht sehen. Merken sie sich dafür folgende Faustregel: Geht das *äußere* Schulterblatt des Pferdes zurück, sitzen Sie im Sattel; geht das *innere* zurück, stehen Sie auf. Das ist Ihnen bestimmt nach einiger Zeit in Fleisch und Blut übergegangen. Von da an genügt ein kurzer Blick nach unten, um den richtigen Fuß zu erwischen.

Galoppieren

Lernen Sie nun die anmutigste und zugleich kraftvollste der drei Gangarten des Pferdes kennen: den *Galopp.*
Es gibt vier verschiedene Tempi, die sich durch die Schnelligkeit des Galopps unterscheiden. Je nachdem, wie lang die einzelnen *Galoppsprünge* ausfallen, unterscheidet man:

1. *Arbeitsgalopp,*
2. *versammelter Galopp,*
3. *Mittelgalopp* und
4. *starker Galopp.*

Sie werden bald merken, daß Galopp angenehmer zu reiten ist als Trab. Die Bewegungen des Pferdes sind zwar schneller, aber der Bewegungsablauf ist ruhiger und schaukelartig. Passen Sie sich auch hier wieder den natürlichen Bewegungen jedes einzelnen Galoppsprungs an, indem Sie elastisch in der Hüfte mitgehen und im Sattel zu »kleben« versuchen. Bei jedem Galoppsprung soll sich das Gesäß des Reiters im Sattel mit vorschieben, so als wolle er mit seiner Hose den Sattel »auswischen«. Auf keinen Fall dürfen Sie nach jedem Galoppsprung wie ein nasser Sack (auch ein beliebter Reitlehrerausspruch!) in den Sattel plumpsen. Das Pferd wird sich augenblicklich im Rücken versteifen, und vorbei ist es mit einem ruhigen und gleichmäßigen Tempo.
Man unterscheidet *Rechtsgalopp* und *Linksgalopp*. Bestimmend ist, auf welcher Hand Sie reiten. Beim Rechtsgalopp greift das rechte, beim Linksgalopp das linke Beinpaar des Pferdes nach der Schwebephase weiter vor. Am leichtesten können Sie das als Anfänger an den Vorderfüßen erkennen. Das Beinpaar, das dem jeweiligen Galopp den Namen gibt, greift weiter vor als das andere.
Im allgemeinen reiten Sie Linksgalopp auf der linken, Rechtsgalopp auf der rechten Hand, schon allein deshalb, weil dies das Pferd bevorzugt. Einen Rechtsgalopp auf der linken bzw. einen Linksgalopp auf der rechten Hand bezeichnet man als *Außengalopp*. Es wird als Fehler angesehen, wenn ein Pferd im »falschen Galopp« anspringt. Aber das kann auch in Ordnung sein, nämlich dann, wenn der Außengalopp ausdrücklich vom Reiter gewünscht ist, wenn die Hilfen dementsprechend gegeben werden, der Außengalopp also eine gewünschte Dressurübung darstellen soll. Das braucht Sie jedoch nicht näher zu beschäftigen, da diese Dressurleistung nur erfahrenen Reitern vorbehalten bleibt.
Beachten Sie also: Wenn Sie es nicht schon rein gefühlsmä-

ßig merken, daß Ihr Pferd im Außengalopp angesprungen ist, so blicken Sie auf dessen inneren Vorderfuß. Sehen Sie beim zweiten Takt des Galoppsprungs das innere Vorderbein nicht vorgreifen, ist das Pferd auf der falschen Hand angesprungen. Jetzt werden Sie sicher fragen, wie Sie so etwas überhaupt fühlen können. Nun – das werden Sie im Laufe der Zeit von selbst herausbekommen. Die Bewegung des richtig galoppierenden Pferdes nimmt Ihre innere Hüfte nämlich deutlich mit »vor«. Die Bewegungen zwischen Reiter und Pferd stimmen überein.
Ist das Pferd falsch angesprungen, versetzt es dem Reiter ziemlich unangenehme Stöße am äußeren Gesäßknochen. Die Galoppbewegung ist nicht mehr fließend und weich, sondern abgehackt und unregelmäßig. Der Sitz des Reiters ist nicht mehr im Einklang mit den Bewegungen des Pferdes. Sie haben laufend den Eindruck, daß das Pferd Sie genau umgekehrt sitzen haben möchte.
Eine andere total fehlerhafte Gangart ist der *Kreuzgalopp.* Durch falsch gegebene Hilfen und schlechten Sitz des Reiters kann es dazu kommen, daß das Pferd mit den Vorderbeinen anders als mit den Hinterbeinen galoppiert; also beispielsweise vorne im Rechtsgalopp und hinten im Linksgalopp geht. Dann muß schnellstens durchpariert und ein erneutes Angaloppieren eingeleitet werden.

Das *Angaloppieren* kann sowohl aus dem Schritt als auch aus dem Trab und später auch aus dem Halt erfolgen. Bei einem Übergang vom Trab in den Galopp besteht jedoch die Gefahr, daß der Reitanfänger sein Pferd einfach so lange treibt, bis das Pferd sich dann endlich des Stümpers erbarmt und in den Galopp fällt. Dann ist jedoch von einem korrekten und sauberen Angaloppieren nicht mehr die Rede. Das Pferd wird regelrecht in den Galopp hineingehetzt; es besteht die Gefahr, daß es dem Reiter im wahrsten Sinne des

Wortes »unter dem Po wegrennt«. Die Verbindung zwischen Reiter und Pferd muß dann zwangsläufig verlorengehen; der Reiter hat keine Kontrolle mehr über die Bewegung des Pferdes. Daher ist es ratsam, anfangs so oft wie möglich aus dem Schritt anzugaloppieren. Trabt Ihr Pferd dann lediglich an, so wissen Sie sofort, daß Ihre Hilfen nicht richtig waren. Das Pferd muß direkt, ohne jeglichen Trabzwischensprung, aus dem Schritt in den Galopp springen.
Eine kleine Erleichterung für den Anfänger ist es, auf dem Zirkel (s. S. 109) zur kurzen Seite oder in einer Ecke anzugaloppieren, da in dieser Position das Pferd leicht nach innen gestellt ist. Das ist exakt die »Stellung«, genauer die »Innenstellung«, die das Pferd zum Angaloppieren haben muß. Dazu die Faustregel: Sie stellen das Pferd immer in die Richtung des beabsichtigten Galopps. Angenommen, Sie reiten auf der rechten Hand. Das Kommando lautet: »Galopp – marsch!« Jetzt: Stellung des Pferdes nach rechts, da Sie Rechtsgalopp reiten sollen. Der innere, also in diesem Fall der rechte Zügel wird angenommen, der äußere gibt entsprechend ein wenig nach. Automatisch wird das Pferd seinen Kopf nach innen stellen. Da die Stellung jedoch das gesamte Pferd erfassen soll – es darf also nicht bloß der Kopf herumgezogen werden –, müssen die anderen Hilfen die Stellung ergänzen und gleichzeitig die richtigen Einwirkungen zum Angaloppieren darstellen. (Näheres über »Das Reiten in Stellung« auf S. 95ff.)
Zum Angaloppieren setzen Sie sich auf den inneren Gesäßknochen, die innere Hüfte ist (ohne einzuknicken) etwas vorgenommen. Der innere Unterschenkel liegt treibend dicht am Gurt, der äußere wird verwahrend eine gute Handbreit hinter den Gurt genommen. Der innere Zügel wird vermehrt angenommen.
Ist die Innenstellung erreicht, folgt: verstärkter Druck auf den inneren Gesäßknochen und intensivere Kreuzeinwir-

kung. Der gleichzeitig treibende Schenkel soll das Pferd nun zum ersten Galoppsprung veranlassen. Der innere Zügel gibt dann leicht nach, damit die innere Hinterhand zum Untertreten und damit zur Einleitung des Sprungs kommen kann.

Angaloppieren

Trabt das Pferd statt dessen lediglich an, so ist das der Beweis, daß Ihre Hilfen mit zuwenig Nachdruck oder gar falsch gegeben wurden. Sie hatten vielleicht den äußeren Schenkel zu weit und treibend *am* Gurt, anstatt ihn verwahrend *hinter* dem Gurt zu halten. Dadurch entstand eine beidseitige, gleichmäßige Druckeinwirkung am Gurt. Das aber sind wesentliche Hilfen zum Anreiten oder Antraben – was Ihr Pferd ja dann auch brav und folgsam gemacht hat.
Entscheidend beim Angaloppieren sind die einseitige kräftige Kreuzeinwirkung, die Innenstellung des Pferdes und die richtige Plazierung der Schenkel. Sie müssen auf dem Pferd sitzen, als ob Sie einen Schritt vorwärts machten.

Haben Sie das Pferd nun in den Galopp gebracht, so ist Ihre nächste Aufgabe, es auch *im Galopp zu halten.* Sie müssen vermeiden, daß es von selbst in den Trab »ausfällt«. So wie Sie den ersten Galoppsprung herausgedrückt haben, muß jeder weitere Galoppsprung einzeln »herausgeritten« werden. Sie dürfen Ihren Galoppsitz nicht verlieren. Der äußere Schenkel bleibt verwahrend hinter dem Gurt, die innere Hüfte vorn. Das innere Knie ist tiefer genommen, indem Sie den Steigbügel stärker austreten. Die treibenden Hilfen in Form von Kreuzanspannen und Treiben des inneren Schenkels bleiben bestehen. Da sich das Pferd im Galopp mit leicht auf und ab schwingendem Kopf und Hals vorwärts bewegt, müssen Sie, um es nicht im Maul zu behindern, leicht mit den Händen dieser Bewegung nachgeben, ohne daß jedoch die Anlehnung zwischen Reiter und Pferd verlorengeht. Wird der Galopp zu schnell, fangen Sie den Schwung durch vorwiegend am äußeren Zügel zu gebende halbe Paraden auf. Achten Sie jedoch auf die Intensität der Paraden. Diese müssen genau dosiert sein; je nachdem, ob Sie Ihr Pferd lediglich zu einer Tempoverkürzung veranlassen wollen oder ob Sie in eine der niedrigeren Gangarten überwechseln möchten.

Soll im Galopp ein *Handwechsel* stattfinden, muß auch ein Galoppwechsel erfolgen. (Später einmal, als erfahrener Reiter, werden Sie vielleicht auch veranlaßt, auf der gleichen Hand weiter zu galoppieren, also bewußt einen Außengalopp zu reiten.)

Jetzt aber parieren Sie Ihr Pferd zum Schritt durch, stellen es um und galoppieren nach etwa einer Pferdelänge erneut im Innengalopp an. Das ist der sogenannte *»einfache Galoppwechsel«.*

Eine andere Variante des Galoppwechsels ist der *»fliegende Galoppwechsel«.* Dabei springt das Pferd, ohne aus dem Galopp zu fallen, vom beispielsweise Rechts- in den Linksgalopp über. Sicher ist das die elegantere, jedoch auch schwierigere Art des Galoppwechsels. Sie verlangt einen sehr guten und ausgeglichenen Sitz, ist also als Thema für Sie im Moment noch nicht akut.

Anhalten und Rückwärtsrichten

Wie Sie Ihr Pferd zum Anhalten veranlassen, haben Sie ja bereits erfahren (s. S. 68). Also: »Abteilung – halt!« – Ganze Parade!
Auf das Kommando des Reitlehrers »Eine Pferdelänge rückwärts richten – marsch!« soll Ihr Pferd nun drei bis vier Tritte (eine Pferdelänge) nach rückwärts gehen. Das Pferd setzt seine Beine dabei in diagonalen Paaren. Jedes Zurücksetzen eines Beinpaares gilt als Schritt.
Zuvor müssen Sie Ihr Pferd korrekt aufgestellt haben, das heißt, es muß geradegerichtet sein, gleichmäßig auf allen vier Beinen und an den Hilfen stehen. Durch Geraderichten des Pferdes soll eine vom Genick über Hals und Rücken bis zum Schweifansatz gerade Körperhaltung des Pferdes bewirkt werden.
Zum *Rückwärtsrichten* geben Sie vorausgehend eine halbe (Achtungs-)Parade. Hierbei sind die Hilfen etwa dieselben wie beim Anreiten: treibende Einwirkung mit Schenkeln, Knien und Gesäß. Der *Unterschied* zum Anreiten liegt aber darin, daß die Zügel jetzt nicht nachgegeben werden, um die Bewegung »nach vorne herauszulassen«, sondern daß sie stehenbleiben oder kaum spürbar angenommen werden.
Auch hier ist, wie beispielsweise bei den Paraden, besonders wichtig, daß der Reiter nicht einfach am Zügel zieht. Durch heftiges Kopfschlagen würde sich das Pferd dagegen wehren und sich eventuell, um dem Zug zu entgehen, auf dem Gebiß

festbeißen. Passiert Ihnen das, so fehlten Ihre treibenden Hilfen; Sie haben zuviel am Zügel gezogen.
Merken Sie sich: Die *treibenden Hilfen* müssen stets stärker sein als die verhaltenden.

Rückwärtsrichten: Links richtig, rechts falsch

Tritt das Pferd vorwärts, haben Sie die Zügel zu sehr »weggeschmissen«, dem Pferd also den Kopf freigegeben, so daß es Ihre Einwirkungen nur als Anreithilfen verstehen konnte.
Die *Dosierung der verhaltenden Hilfen* ist also mit ausschlaggebend, ob das Pferd vorwärts oder rückwärts tritt. Bei manchen Pferden kann es schon einmal vorkommen, daß Sie mit den Händen energischer einwirken müssen. Dabei wird jedoch lediglich die Faust vermehrt eingedreht, der Reiter ist jederzeit bereit, nachgeben zu können.
Das hat also nichts mit dem mehrfach angeprangerten Ziehen zu tun. Hier entsteht nämlich, bedingt durch die Kraft im Arm und durch das Zurücklehnen des Oberkörpers, eine zwar ebenfalls nach rückwärts wirkende, jedoch unkontrollierbare Kraft, die es dem Reiter nicht mehr ermöglicht, beim ersten Anzeichen des Gehorsams elastisch mit den Zügeln nachzugeben.
Durch *verwahrende Schenkel* wird verhindert, daß das

Pferd während des Rückwärtsrichtens seitwärts ausweichen kann.
Haben Sie Ihr Pferd die eine Pferdelänge rückwärts gerichtet, so geben Sie in den Händen nach. Ihr Pferd muß nun wieder »geschlossen«, das heißt gleichmäßig auf allen vier Beinen stehend, zum Halten gekommen sein. Sodann geben Schenkel und Kreuz wieder die Hilfen zum Anreiten. Übrigens: Rückwärtsrichten ist eine schwere, aber untrügliche Probe, um zu erkennen, ob eine saubere Übereinstimmung von treibenden und verhaltenden Hilfen besteht.

Bodenrickarbeit

Bodenricks (Cavalettis) sind rund drei Meter lange Holzbarrieren, etwa 20 cm hoch, die in einem Abstand von etwa 90 (bei Schritt) bis 140 cm (im Trab) auf den Hufschlag gelegt werden. Zumeist werden vier bis fünf hintereinander gereiht. Beim Darüberreiten wird das Pferd gezwungen, seine Beine höher als sonst zu heben, seinen Kopf und Hals vorwärts nach unten zu strecken und die Rückenmuskulatur »loszulassen«. Der Reiter muß mit leicht vorgeneigtem

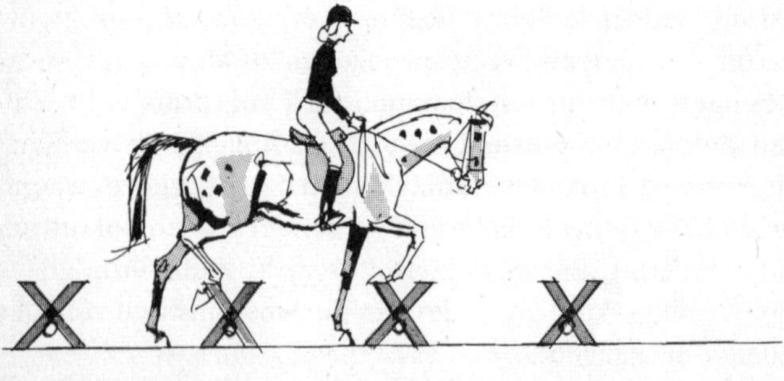

Reiten über Bodenricks

Oberkörper (keinen Buckel machen!) elastisch und leicht im Sattel sitzen, so daß der Pferderücken entlastet wird. Die Hände gehen nachgebend mit vor, und durch kräftig treibende Schenkelhilfen soll der Reiter die Hinterbeine des Pferdes zum Heben veranlassen.
Das Reiten über Cavalettis dient dem Lösen des Pferdes und fördert darüber hinaus die Losgelassenheit von Reitschülern.

Reiten in Stellung und Biegen des Pferdes

Beim *Reiten in Stellung* soll der Kopf des Pferdes nach der jeweils gewünschten Seite, durch leichtes Eindrehen der entsprechenden Zügelfaust, so weit eingedreht werden, daß der Reiter gerade den inneren Augenbogen des Pferdes schimmern sieht. Falsch ist das Herumziehen des Kopfes, das mit einem Einknicken im Widerrist verbunden ist. Die Stellung soll indessen im Genick geschehen. Sie werden im weiteren Verlauf dieser Reitlehre sehen, daß das Reiten in Stellung bei verschiedenen Wendungen mit der Biegung des Pferdes verbunden ist.
Bei der *Biegung* wird das Pferd nach innen (um den inneren Schenkel) gebogen. Dazu etwas Grundsätzliches: Die innere Seite ist bei jeder Form des »In-Stellung-Reitens und der Biegung des Pferdes« die Seite, nach der das Pferd gestellt oder gebogen ist. Beim Geradeausreiten, wenn das Pferd geradegestellt ist, gilt (in der Reitbahn), wie Sie ja schon wissen, die dem *Bahnmittelpunkt* zugewandte als die innere, die der *Bande* zugewandte als die äußere Seite.
Beim Reiten in Stellung und in der Biegung leiten sich die

Begriffe *innen* und *außen* davon ab, welche Stellung bzw. Biegung der Reiter seinem Pferd gibt. Ein Pferd kann, selbst wenn es z. B. auf der rechten Hand geht, nach links gestellt werden. In einem solchen Fall befände sich dann die Innenseite des Pferdes, von der Bahn her betrachtet, eigentlich außen. (Zerbrechen Sie sich über diesen anscheinenden Widerspruch jedoch nicht den Kopf. Das ist vorerst Zukunftsmusik und sollte hier nur der Veranschaulichung dienen.)
Die »Kunst«, ein Pferd richtig zu biegen, ist für den Reitanfänger verhältnismäßig kompliziert. Er muß Kreuz, Gewicht, Schenkel und Zügel gleichzeitig wirken lassen, obwohl er rechts und links unterschiedliche Hilfen zu geben hat. Hören Sie sich nun einmal theoretisch an, wie alles korrekt abzulaufen hat, und vergleichen Sie die einzelnen Phasen mit den Illustrationen:

Einleitung ist natürlich wieder die halbe (Achtungs-)Parade. Als nächstes wird das Pferd um den inneren Schenkel des Reiters gebogen. Der innere Schenkel treibt leicht, während der äußere die Hinterhand nach innen drückt. Der innere Zügel wird eine Kleinigkeit angenommen; der äußere gibt zunächst nach bzw. empfiehlt es sich, hier nur leicht mit der Hand vorzugehen. In dem Moment, in dem bereits eine geringe Stellung erreicht wurde, ist der äußere Zügel ebenfalls anzunehmen. Ab dann soll der innere Zügel weich für das Beibehalten der Verbindung sorgen, der äußere gibt den Grad der Stellung an.
Achten Sie darauf, daß sich der Rumpf des Pferdes auch tatsächlich biegt. Dieses soll nicht den Hals zu der einen oder anderen Seite recken, sondern sich *in den Rippen* um den Schenkel des Reiters biegen.
»Reiten in Stellung« und die folgenden Spezialübungen dienen dazu, erstens den Reiter mit der korrekten, feinfühligen Hilfengebung vertrauter werden zu lassen, zweitens das

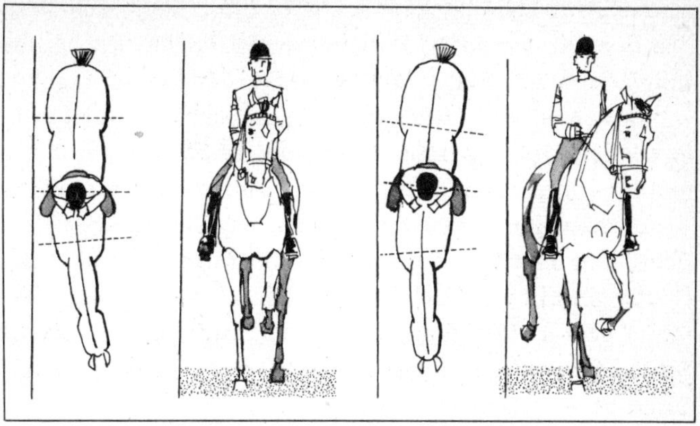

Stellung nach links Biegung nach links

Pferd für diese Hilfen »durchlässig« zu machen und drittens eine gymnastische Durchbildung des Pferdes zu erreichen.

Schenkelweichen

Beim *Schenkelweichen* wird das Pferd – insgesamt in Genick und Rumpf gerade gerichtet, mit lediglich geringer Innenstellung des Kopfes, in einem Winkel bis zu 45° – zur Bande vorwärts bewegt. Bei dieser Übung geht das Pferd also auf zwei Hufschlägen, entweder mit der Vorderhand zur Bande und mit der Hinterhand auf dem zweiten Hufschlag; oder umgekehrt: mit der Hinterhand an der Bande und mit der Vorderhand auf dem inneren Hufschlag. Exerzieren wir einmal, um Ihnen den Vorgang des Schenkelweichens klarzumachen, folgendes Beispiel.

Sie reiten auf der linken Hand. Das Kommando des Reit-

lehrers lautet: »An der nächsten langen Seite den rechten Schenkel weichen lassen!«
Das bedeutet zunächst, das Pferd in eine leichte *Rechtsstellung* zu bringen. Setzen Sie sich also vermehrt nach rechts; verstärken Sie den Druck des rechten Schenkels (und zwar hinter dem Gurt). Veranlassen Sie auf diese Weise Ihr Pferd, mit der Hinterhand ins Bahninnere zu treten, während die Vorderhand auf dem äußeren Hufschlag bleibt. Aber Vorsicht! Das Pferd darf nicht in einen rechten Winkel zur Bande gestellt sein. Erlaubt sind höchstens 45°, wie oben schon gesagt. Der linke Zügel muß führend, der rechte Schenkel verwahrend wirken, so daß die Hinterhand keine zu große Abstellung erreicht.
Das Pferd soll bei dieser Übung, mit geringer Innenstellung (nicht Biegung!), seine Beine vorwärts seitwärts setzen, das heißt: Das Pferd *»tritt vorn und hinten über«*. Das rechte Vorder- bzw. Hinterbein tritt jeweils nach links über das entsprechende linke Bein hinweg. Der Rhythmus der jeweiligen Gangart, in der Sie das Schenkelweichen ausführen wollen, muß stets aufrechterhalten werden. Schenkelweichen wird übrigens nur in den beiden Gangarten *Schritt* und *Trab* geritten. Warum nicht im Galopp, ist sicher auch für Sie schon erklärbar: Der »Beinsalat« wäre unbeschreiblich.
Ebenso können Sie nun, auf der linken Hand weiterreitend, den linken Schenkel weichen lassen.
Führen Sie Ihr Pferd nach dem Durchreiten der Ecke mit dessen Vorderhand etwa einen Schritt ins Bahninnere, als ob Sie abwenden wollten. Jetzt stellen Sie Ihr Pferd nach innen (in diesem Fall nach links) und veranlassen es mit dem linken Schenkel, seitwärts überzutreten, wie oben schon erläutert. Der Unterschied liegt darin, daß das Pferd hier mit den Hinterbeinen auf dem äußeren, mit den Vorderbeinen auf dem inneren Hufschlag geht. Schwieriger zu reiten ist

diese Art des Schenkelweichens deshalb, weil das Pferd hier die Gelegenheit und den Raum hat, vorwärts zu treten (was ja im anderen Fall durch die Begrenzung der Bande schlecht möglich ist). Hier merken Sie sofort, ob die Hilfengebung exakt und harmonisch vonstatten gegangen ist.

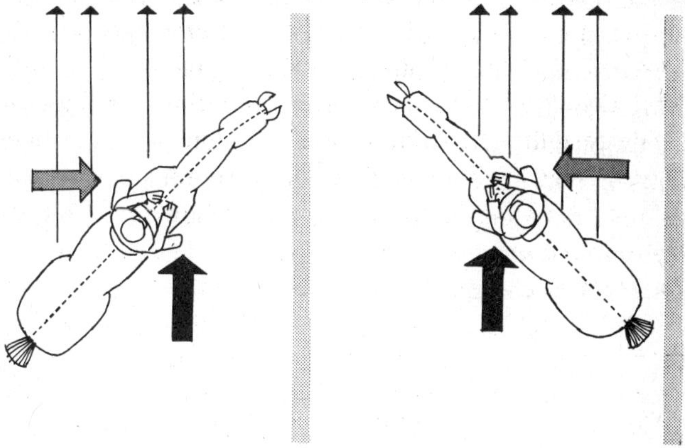

Schenkelweichen

Links: Rechter Schenkel. Rechts: Linker Schenkel

Um die Übereinstimmung Ihrer Hilfen zu üben, sind folgende Reitfiguren besonders empfehlenswert.

Wendung auf Vor- und Hinterhand

Diese beiden Reitübungen, die einen Handwechsel mit sich bringen, werden die sogenannten *»Wendungen auf der Stelle«* genannt. Das Pferd geht dabei nicht im eigentlichen Sinne vorwärts, sondern es tritt, beispielsweise bei der *Vorhandwendung,* mit der Hinterhand Schritt für Schritt im

Halbkreis um seine Vorhand herum. Die Vorderfüße treten lediglich auf der Stelle. Am besten gehen Sie zur Vorhandwendung (nicht Vorderhandwendung) auf den zweiten Hufschlag, damit das Pferd nicht mit seinem Kopf an die Bande gedrückt wird. Der Reitlehrer gibt das Kommando: »Abteilung halt! Auf der Vorhand linksum kehrt – marsch!« Sie reiten auf der rechten Hand. Das Pferd wird nach der Seite der durch das Kommando bestimmten Seite gestellt. Bringen Sie Ihr Pferd also in Linksstellung, der linke Schenkel treibt, hinter dem Sattelgurt liegend, die Hinterhand Tritt für Tritt um die Vorhand herum; der rechte hält verwahrend dagegen und begrenzt die Hinterhand, damit sie nicht in unkontrollierter Eile herumtritt. Das Gewicht des Reiters ist nach links verlagert.

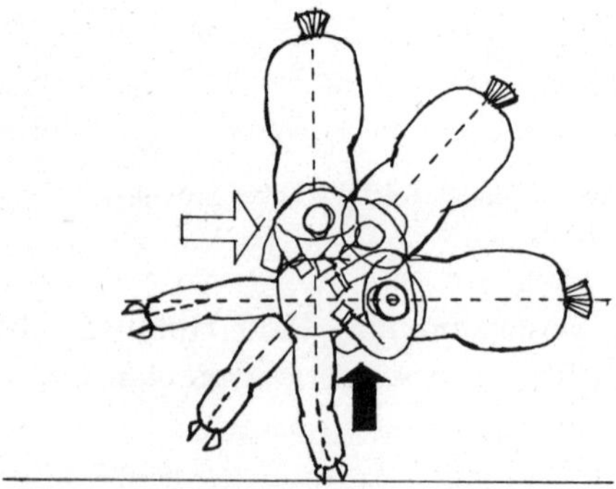

Die Wendung auf der Vorhand

Eine Quizfrage zwischendurch: Welches ist Ihrer Meinung nach eigentlich jetzt der *innere* Schenkel? Der rechte oder der linke?

Natürlich der linke. Das Pferd hat ja seine Kopfstellung nach links. Also ist links innen (vgl. S. 96).

Das Pferd darf sich nur um den linken Vorderhuf drehen; es soll dabei weder zurück noch vorwärts treten, wobei das Zurücktreten der kleinere Fehler wäre, im Gegensatz zur Hinterhandwendung (s. unten).
Der innere Zügel wird etwas stärker angenommen; er bestimmt die Stellung. Die Wendung auf der Vorhand ist beendet, wenn das Pferd in entgegengesetzter Richtung zur Ausgangsposition gerade (gerichtet) und korrekt aufgestellt (s. S. 92) auf dem Hufschlag steht.
Weit schwieriger auszuführen als die Vorhandwendung ist die *Wendung auf der Hinterhand.*
Nehmen wir an, Sie reiten auf der linken Hand. Das Kommando lautet: »Auf der Hinterhand linksum kehrt – marsch!« Die Ausgangssituation ist die gleiche wie bei der Vorhandwendung, nur soll das Pferd sich jetzt mit seinen Vorderbeinen im Halbkreis, seitwärts übertretend, um die auf der Stelle tretende Hinterhand drehen. Drehpunkt ist der innere Hinterfuß. Es soll weder ein Vorwärts- noch ein Rückwärtstreten erfolgen – wobei das Zurücktreten der größere Fehler ist.
Bringen Sie das Pferd zunächst in die richtige Stellung – also nach links. Setzen Sie sich, mit etwas vorgeschobener Hüfte und tiefem Knie, vermehrt nach innen. Der innere Schenkel treibt, knapp hinter dem Gurt liegend, während der äußere deutlich hinter dem Gurt liegende Schenkel den Impuls zum Seitwärtstreten gibt. (Vergleichen Sie: Bei der Vorhandwendung war es der innere Schenkel.) Der innere Zügel sorgt für die Beibehaltung der Stellung, der äußere begrenzt die Stellung.

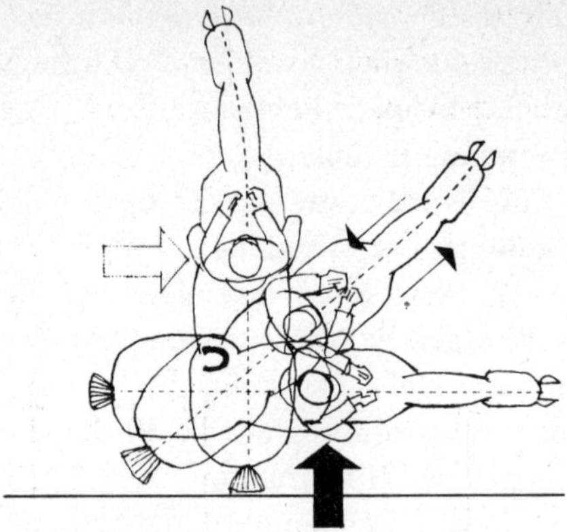

Die Wendung auf der Hinterhand

Richtig beherrschen Sie eine Vor- oder Hinterhandwendung erst, wenn Sie in der Lage sind, diese auch im Inneren der Bahn, also ohne Anlehnung an die Bande, korrekt durchzuführen.

Aufmarschieren, Absitzen und Absatteln

»Anfang links schwenkt, rechts marschiert auf – marsch! Anfang halt!« Am Ende der Reitstunde wird der Reitlehrer dieses Kommando geben. Sicher können Sie zunächst sehr wenig damit anfangen.
Auf »marsch« wendet die Tête vom Hufschlag in die Bahnmitte ab. Der zweite Reiter reitet drei Schritte weiter und biegt danach zum Bahninneren ab, dann folgt im gleichen Abstand Nummer drei usw. Auf das Kommando »Halt!« stoppt der Têtenreiter. Der Befehl wird meist gegeben,

wenn das Pferd mit seinen Vorderbeinen die (gedachte) Mittellinie der Reitbahn erreicht hat. Die anderen Reiter reihen sich auf gleicher Höhe an.

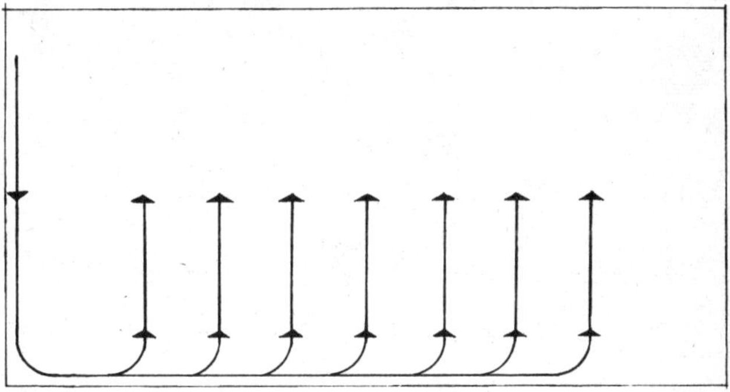

Aufmarschieren

Die Pferde bleiben korrekt aufgestellt, bis das nächste Kommando ertönt: »Zügel aus der Hand kauen lassen! Loben! Einzeln absitzen!«

Lassen Sie die Zügel wirklich *aus der Hand kauen.* Das bedeutet: Sie nicht einfach wegschmeißen, sondern dem Pferd die Möglichkeit geben, langsam der nachgebenden Hand des Reiters mit dem Maul nach unten zu folgen.

Wie Sie nun absitzen, brauche ich Ihnen schon nicht mehr zu erklären. Oder wollen Sie zur Sicherheit noch einmal auf S. 47ff. nachlesen?

Nach dem Absitzen vergessen Sie bitte nicht, die Steigbügel hochzuziehen und den Gurt zu lockern. Nachdem Sie die Zügel über den Kopf nach vorne gezogen haben, führen Sie Ihr Pferd aus der Reitbahn in seine »Behausung« zurück. Bei normaler Aufzäumung (ohne Hilfszügel) wird zuerst die Trense abgenommen. Lösen Sie Kehl- und Kinnriemen, und ziehen Sie Zügel und Kopfstück über die Ohren des Pferdes herunter.

Abtrensen Absatteln

Die Trense hängen Sie dann am besten über den linken Arm. Falls Ihr Pferd in einem *Ständer* untergebracht ist, legen Sie ihm jetzt erst einmal das *Stallhalfter* an, das Sie natürlich schon griffbereit hatten. Binden Sie Ihr Pferd an, sonst läuft es Ihnen davon.
In einer *Box* können Sie sich mit dem Anlegen des Halfters Zeit lassen – vorausgesetzt, Sie haben die Boxentür hinter sich geschlossen. Sonst können Sie vielleicht, ehe Sie sich versehen, Ihr Pferd in der Stallgasse wieder einfangen. Den Sattel heben Sie, nachdem Sie den Sattelgurt von *links* gelöst und über den Sattel gelegt haben, vom Pferderücken herunter.
Überzeugen Sie sich, bevor Sie die Box verlassen, ob Sie nichts vergessen haben. Falls Ihr Pferd Bandagen getragen hat, müssen diese abgewickelt werden. Ansonsten befreien die Pferde sich selbst davon, aber auf eine recht zerstörerische Art und Weise. Da Pferde manchmal einen sehr erstaunlichen Geschmack entwickeln, ist sehr zu empfehlen, weder die Handschuhe noch die Gerte zurückzulassen. (Es

sei denn, Sie huldigen dem Grundsatz: Öfter mal was Neues!)
Ihr Pferd hat jedenfalls spätestens jetzt eine *Belohnung* für seine Mühen verdient; mit Möhren, Brot oder Zucker können Sie es verwöhnen.
So, geschafft – denken Sie.
Doch das bleibt zunächst ein Wunschtraum. Jetzt kümmern Sie sich nämlich als vorbildlicher Reitkamerad erst einmal um die *Ausrüstung* Ihres Pferdes. Ihre durstige Kehle muß noch etwas warten.
Gehen Sie zum Wasserhahn (manche Reitställe haben extra Eimer dafür), und waschen Sie das Trensengebiß sauber. Die Metallteile müssen von allen Speichelresten gesäubert werden. Die Lederteile bleiben trocken. Mindestens einmal in der Woche jedoch müssen Sattel und Lederriemen mit *Sattelseife* behandelt werden, damit sie geschmeidig bleiben.

Die Bahnfiguren

In der Reitbahn gibt es, wie ja bereits in dem Kapitel »Die Reitbahn« auf S. 70 angedeutet, bestimmte Wege, die Reiter und Pferd einhalten sollten.
Diese *Bahnfiguren,* auch *»Hufschlagfiguren«* genannt, werden vom Reitlehrer mit bestimmten Kommandos angekündigt. Prägen Sie sich diese Bahnfiguren mit den dazugehörenden Kommandos gut ein. Irgendwann einmal wollen Sie sicher nicht mehr die Nummer vier oder fünf in der Abteilung sein, sondern an die Tête vorrücken. Dann müssen Sie Ihre Mitreiter anführen. Und das geht nur, wenn Sie die Befehle des Reitlehrers verstehen, also wissen, wo es langgeht.

Den Grundriß einer Reithalle haben Sie bereits auf S. 71 erfahren. Auch ist Ihnen bereits ein Begriff, was es bedeutet, auf der rechten oder linken Hand zu reiten, und daß die Grundlinien des Bahnreitens der äußere und innere Hufschlag sind.

Reiten Sie die Hufschläge (meist wird auf dem äußeren geritten) ohne jegliche Variation, so bezeichnet man das als *»ganze Bahn«*. Sie reiten also das gesamte Viereck an der Bande entlang.

Gleich hierzu eine Anmerkung: Reiten Sie stets die Ecken aus. Sie müssen sich dazu zwingen. Es ist ungemein verlokkend, einfach hinter dem Vordermann herzutrotten, so etwa nach dem Motto: Um die Kurve kommt das Pferd schon allein. Sie sollen ein Pferd jedoch zu jeder Zeit *reiten,* es nicht laufen lassen. Jede Ecke erfordert: das Pferd zu biegen und es in Stellung zu reiten (s. S. 95ff.).

»Halbe Parade außen!« Also: Das Pferd um den inneren Schenkel biegen, Gewichtsverlagerung nach innen, inneren Zügel annehmen, äußerer Zügel ein wenig vor; innerer Schenkel treibt leicht am Gurt; äußerer Schenkel liegt verwahrend hinter dem Gurt.

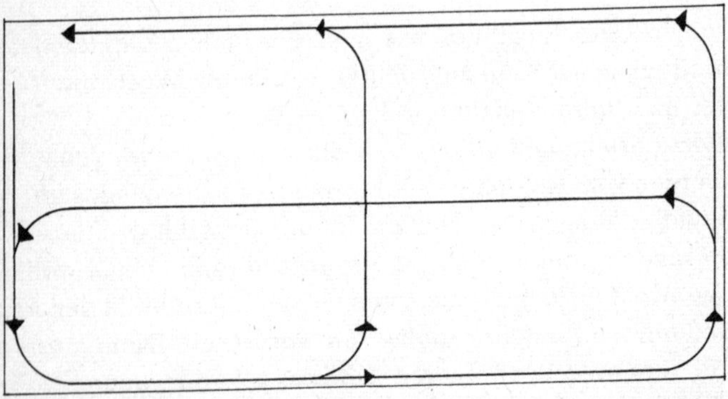

Bahnfiguren: Ganze Bahn. Halbe Bahn. Durch die Mitte der Bahn geritten Durch die Länge der Bahn geritten

Auf das Kommando *»Halbe Bahn!«* biegen Sie beim HB-Punkt zur Bahnmitte ab und reiten schnurgerade auf den anderen gegenüberliegenden HB-Punkt zu. Sie reiten dann also auf einem kleineren Viereck.
»Durch die Länge der Bahn geritten!« Hierbei wenden Sie das Pferd an der Mitte der kurzen Seite ab und reiten gerade auf die Mitte der gegenüberliegenden kurzen Seite zu. Dort angekommen, wenden Sie entweder nach links oder rechts ab, je nachdem, auf welcher Hand Sie geritten sind. Es erfolgt also hierbei kein Handwechsel. Das Kommando müßte in diesem Fall sonst lauten: *»Durch die Länge der Bahn wechseln!«* Dann reiten Sie zum Beispiel auf der rechten Hand los und wechseln auf die linke über.

In diesem Zusammenhang etwas Grundsätzliches zum Handwechsel. Geschieht ein Wechsel im Leichttraben, müssen Sie stets beim Übergang von der einen auf die andere Hand einmal aussitzen, oder, wie wir es auch genannt haben, *sich einmal werfen lassen* (s. S. 86), um auf dem ebenfalls gewechselten inneren Fuß des Pferdes zum Sitzen zu kommen. (Wie Sie sich bei einem Handwechsel im Ga-

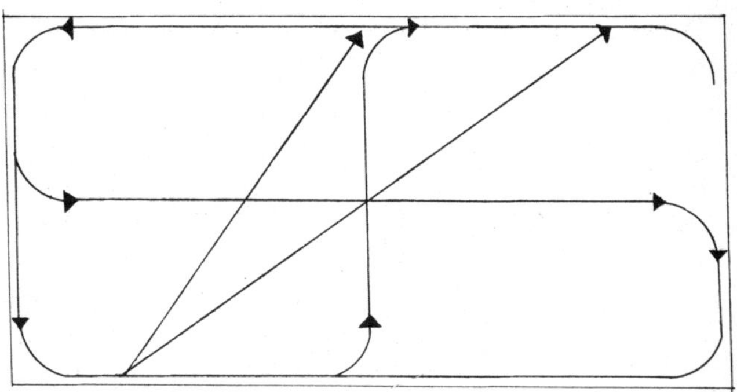

Bahnfiguren: Durch die Länge der Bahn wechseln. Durch die halbe Bahn wechseln. Durch die ganze Bahn wechseln. Durch die Mitte der Bahn wechseln

lopp verhalten, sollten Sie sich am besten noch einmal auf S. 91 ansehen.)
Eine andere Möglichkeit, aus der Bahn zu wechseln, ist gegeben, wenn Sie *»durch die ganze Bahn wechseln«*. Angenommen, Sie reiten auf der rechten Hand. Nach dem Durchreiten der zweiten kurzen Ecke biegen Sie am Wechselpunkt (als Strich gekennzeichnet) ins Bahninnere ab, durchqueren die Bahn und kommen beim diagonal gegenüberliegenden Wechselpunkt, vor der kurzen Seite, wieder auf den Hufschlag.

Beim Kommando *»Durch die halbe Bahn wechseln«* nehmen Sie denselben Ausgangspunkt, wie beim Wechseln *»aus der ganzen Bahn«*. Der Unterschied liegt nur darin, daß Sie vorher schon beim gegenüberliegenden HB-Punkt ankommen müssen.

»Auf dem Zirkel geritten!« lautet das Kommando, auf das ein gleichmäßig großer Kreis geritten werden muß. Er soll exakt über die drei Zirkelpunkte (durch runde Punkte gekennzeichnet) und die Bahnmitte (durch X angegeben, s. S. 71) führen. Wenn der Reiter den ersten Zirkelpunkt der langen Seite erreicht hat, biegt er in den Kreis ein.
Das Pferd muß beim Zirkelreiten stets in der erforderlichen Biegung gehalten werden. Der Reiter sitzt mehr nach innen. (Die *innere Seite des Zirkels* ist die dem Zirkelmittelpunkt zugewandte.) Mit dem inneren Schenkel hindert der Reiter das Pferd, in den Zirkel hineinzulaufen. Der äußere bestimmt die Größe des Zirkels und stellt sozusagen eine Begrenzung dar, damit das Pferd nicht, vor allem an der offenen, durch keine Bande begrenzten Seite, mit der Hinterhand nach außen ausweicht.

»Auf dem Mittelzirkel geritten!« Der Mittelzirkel ist, wie der Name bereits sagt, ein großer Zirkel in der Mitte der Reitbahn. Alle Reiter reiten von der Mitte der langen Seite

her in einen großen Zirkel ein. Mittelpunkt dieses Zirkels ist der Bahnmittelpunkt.
Es wird so lange auf dem Zirkel weitergeritten, bis der Reitlehrer *»Ganze Bahn!«* kommandiert.
Sie können auch innerhalb des Zirkelreitens die Hand wechseln. Eine dieser Möglichkeiten ist beispielsweise: *»Aus dem Zirkel wechseln!«* Auf der folgenden Illustration sehen Sie einen Wechsel von der linken auf die rechte Hand. Dabei sollen Sie exakt in der Mitte der Reitbahn von einem auf den anderen Zirkel überwechseln. Das Pferd wird also an der offenen Seite des Zirkels umgestellt und auf der linken Hand in den neuen Zirkel hineingeritten. Um das Umstellen ganz exakt auszuführen, reiten Sie etwa eine Pferdelänge geradeaus und stellen währenddessen das Pferd durch Umlegen der Schenkel und des Gewichtschwerpunktes um. Verkürzen des inneren und Verlängern des äußeren Zügels ergänzen die Hilfen. Falsch ist es, das Pferd nur durch einseitigen Zug am Zügel zu der gewünschten Biegung zu bringen.
Nach Vollendung des »Aus dem Zirkel Wechselns« bleiben Sie auf dem neuen Zirkel, wechseln also nicht ständig – in

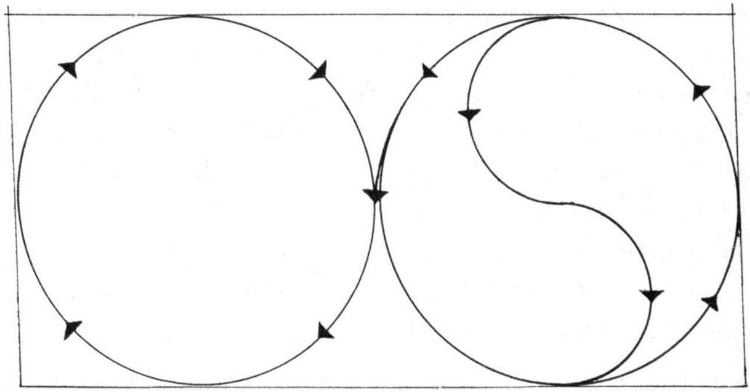

Bahnfiguren: Auf dem Zirkel geritten. Aus dem Zirkel wechseln. Durch den Zirkel wechseln

Form einer permanenten Acht – von einem aus dem anderen Zirkel. Es sei denn, es wird das entsprechende Wiederholungskommando gegeben.

»Durch den Zirkel wechseln!« ist eine etwas schwierigere Variante des Handwechsels innerhalb des Zirkelreitens. Die Bögen, die geritten werden, sind wesentlich enger, das Umstellen des Pferdes muß dementsprechend sehr exakt ausgeführt werden können. Der Reiter wechselt hier vom Paradepunkt der offenen Zirkelseite in S-förmigem Bogen durch den Zirkel zum Paradepunkt der gegenüberliegenden Seite. Als besondere Schwierigkeit stellt sich dabei heraus, daß beide Halbbögen gleich groß geritten werden müssen. Kurz vor der Mitte des Zirkels wird das Pferd gerade- und in eine neue Richtung umgestellt. Am Paradepunkt der kurzen Seite gehen Sie wieder auf den Hufschlag bzw. auf die Zirkellinie. Auch hier wird nun nicht andauernd durch den Zirkel gewechselt. Sobald die Übung abgeschlossen ist, reiten Sie normal auf dem Zirkel weiter, bis ein neues Kommando eine Änderung angibt.

Eine *Volte* ist gewissermaßen die Miniaturausgabe eines Zirkels. Es wird ein Kreis von etwa sechs Schritt Durchmesser (zwei Pferdelängen) geritten, bei welchem dem Pferd ein Höchstmaß an Biegung und Innenstellung abverlangt wird. Auf das Kommando *»Volte – marsch!«* biegen bei »marsch« alle Reiter der Abteilung gleichzeitig ab und reiten einen kleinen Kreis, in dessen Verlauf Sie genau an dem Punkt der langen Seite wieder ankommen müssen, an dem Sie abgebogen sind. Bereiten Sie Ihr Pferd mit halben Paraden vor. Bei »marsch« verlegen Sie Ihr Gewicht nach innen und führen das Pferd, um Ihren inneren Schenkel gebogen, in die Biegung hinein. Der äußere Schenkel verwahrt, der innere treibt; der innere Zügel sorgt für die Stellung, die der äußere Zügel begrenzen muß.

Ich weise hier extra noch einmal ausführlicher auf die ein-

zelnen Hilfen hin, weil das Voltereiten weit schwieriger ist als das normale Reiten eines Zirkels. Bedingt durch die extreme Biegung des Pferdes ist nicht einfach zu erreichen, daß die Hinterhand genau der Spur der Vorderhand folgt, das Pferd also nicht mit der Hinterhand »ausfällt« und auf zwei Hufschlägen geht. Wenn Sie in der Abteilung eine Volte reiten sollten, müssen Sie natürlich noch speziell darauf achten, daß Sie keinem Ihrer Reitkameraden in seine Volte hineinreiten, weil Sie vielleicht zu weit ausgeschert sind.
Nach einigem Üben muß eine Volte in der gesamten Abteilung so aussehen, wie auf der folgenden Illustration abgebildet, und zwar sowohl im Schritt als auch im Trab – und später einmal sogar im extrem versammelten Galopp.

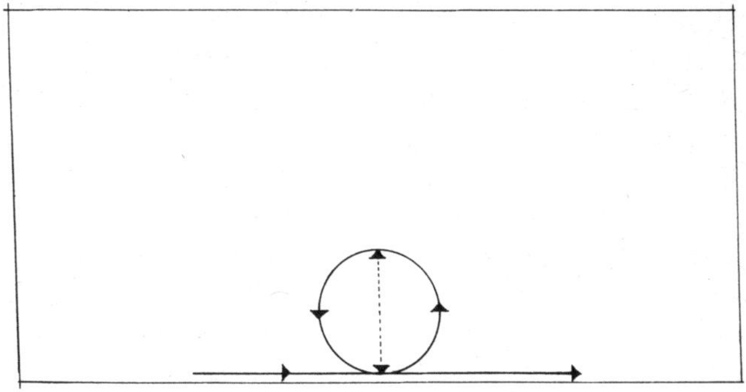

Bahnfigur: Die Volte

Einzeln können Sie eine Volte an jeder beliebigen Stelle reiten. Anfangs und solange Sie diese Übung noch nicht vollkommen beherrschen, ist es günstig und erleichternd, wenn Sie die Volte aus einer Ecke der Reitbahn entwickeln (s. Illustration). Im Gegensatz zum Zirkelreiten wird eine Volte nicht fortlaufend geritten, es sei denn, Sie erhalten ein Wiederholungskommando (Doppelvolte).

»Zirkel verkleinern!« bedeutet, daß der Zirkel spiralförmig immer enger geritten werden soll, bis etwa die Größe einer Volte erreicht ist. Das Pferd muß dabei mit verstärkter Einwirkung des äußeren Schenkels und des äußeren Zügels nach innen gedrückt werden. Der innere Zügel sorgt wiederum für die Innenstellung des Pferdes.

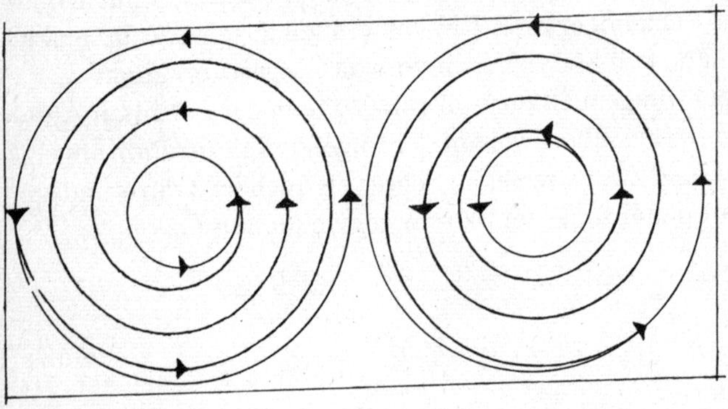

Bahnfigur: Links: Zirkel verkleinern. Rechts: Zirkel vergrößern

»Zirkel vergrößern!« dagegen will veranlassen, daß der Reiter sein Pferd durch äußeren Zügel und treibenden inneren Schenkel allmählich in immer größer werdenden Kreisen auf die normale Zirkellinie zurückführt.

»Viereck verkleinern (vergrößern)!« Dabei bewegt sich das Pferd, wie beim Schenkelweichen zum Beispiel, auf zwei Hufschlägen. Mit geringer Innenstellung (nicht Biegung!) wird das Pferd an der langen Seite, beginnend am Wechselpunkt, bis zu zwei Pferdelängen Abstand von der Bande in das Bahninnere hineingeführt. Das Verkleinern des Vierecks endet in Höhe der Mitte der langen Seite. Ab da beginnt das Vergrößern, bei dem das Pferd, wieder mit geringer Innenstellung, zur langen Seite, bis zum Wechselpunkt, zurückgeführt wird.

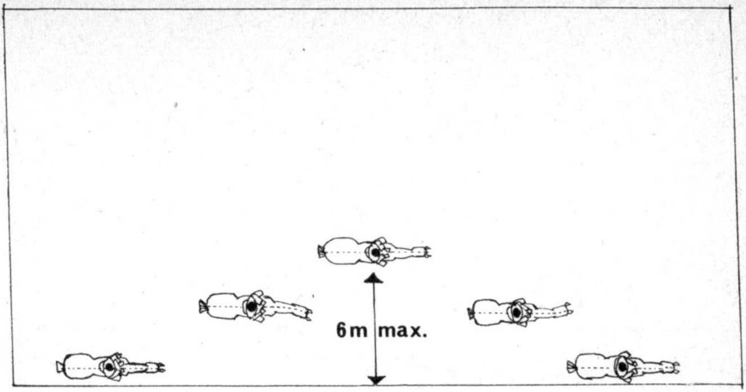

Bahnfigur: Viereck verkleinern und vergrößern

»Abteilung kehrt – marsch!« Auf dieses Kommando hin bereiten Sie Ihr Pferd auf das Abbiegen vor, wie Sie das bei der Volte gelernt haben. Bei »marsch« wenden alle Reiter ins Bahninnere ab und reiten in gerader Linie zum Hufschlag zurück. Dabei entsteht ein Handwechsel; somit führt nun der bisher letzte Reiter die Abteilung an, er ist der Anfang, die Tête, geworden.

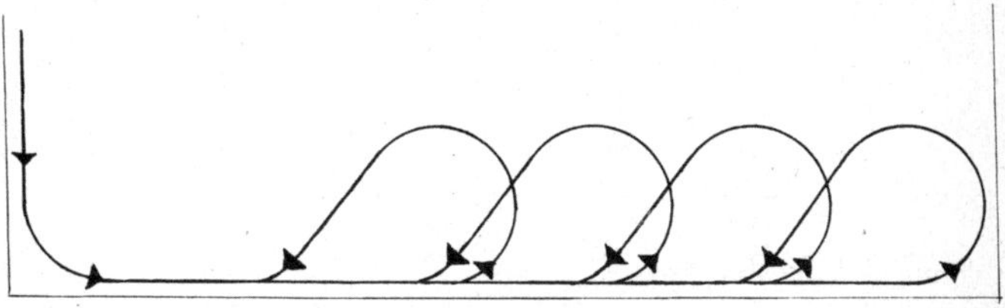

Bahnfigur: Abteilung kehrt – marsch!

»Aus der nächsten Ecke – kehrt!« ist ähnlich wie *»Abteilung kehrt – marsch!«* Sie reiten tief in die Ecke hinein, biegen wie zu einer Volte ab und kommen nach zwei Pferdelängen wieder auf den Hufschlag zurück. Siehe dazu die Illustration auf S. 114 oben.

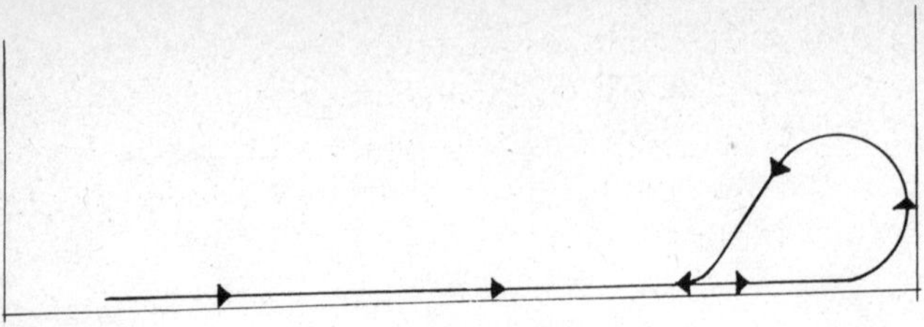

Bahnfigur: Aus der Ecke – kehrt!

»Abteilung linksum (rechtsum) – marsch!« Die Abteilung wendet auf das Kommando »marsch« gleichzeitig ab und reitet schnurgerade (keine Schlangenlinien, bitte!) auf die gegenüberliegende lange Seite zu. Dort angekommen, erfolgt ein Handwechsel. Sie reiten von da ab also auf der rechten (bzw. linken) Hand.

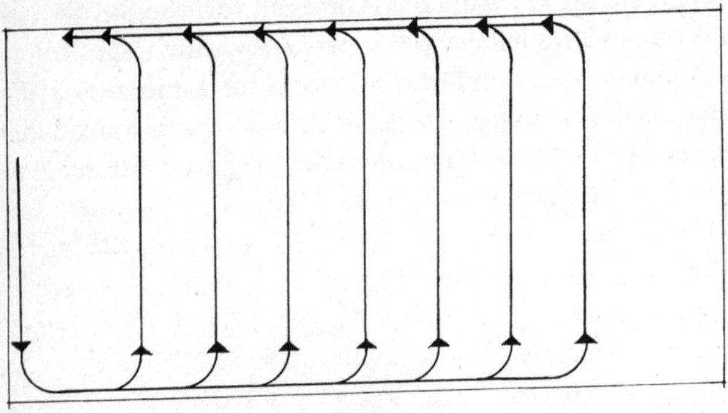

Bahnfigur: Abteilung linksum – marsch!

Nun kommen wir noch zu einer speziellen Gruppe von Bahnfiguren, den *Schlangenlinien.* Sie sind eine ausgezeichnete Übung, um das fließende Umstellen und Biegen des Pferdes zu üben. Schlangenlinien können zum Beispiel an der langen Seite der Reitbahn geritten werden. Kommando: *»Anfang einfache Schlangenlinie an der langen Seite!«* Nach Durchreiten der Ecke wenden Sie am Wechselpunkt

Ihr Pferd zur Bahnmitte ab und reiten einen Bogen mit etwa zwei Pferdelängen Abstand vom Hufschlag. Auf der Höhe des HB-Punktes wird das Pferd umgestellt und im Bogen wieder auf den Hufschlag zum anderen Wechselpunkt der langen Seite zurückgeritten.

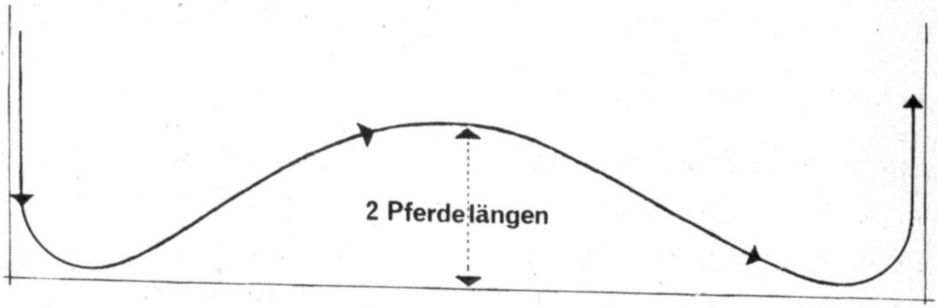

Bahnfigur: Eine Schlangenlinie an der langen Seite

»Doppelte (dreifache) Schlangenlinie an der langen Seite!« Jetzt wird, neben dem reiterlichen Können, ein gutes Augenmaß von Ihnen verlangt. Je mehr Schlangenlinien Sie reiten sollen, um so besser müssen Sie sich die einzelnen Bögen aufteilen und sie kürzer oder länger reiten. Ganz allgemein wird die doppelte oder dreifache Schlangenlinie flacher angelegt als die einfache. Die Entfernung zur Bande sollte höchstens drei Meter betragen. Ausgangspunkt ist der gleiche wie bei der einfachen Schlangenlinie. Je mehr Bögen geritten werden, um so öfter müssen Sie das Pferd umstellen. Reiten Sie nicht einfach hinter Ihrem Vordermann her, sondern konzentrieren Sie sich darauf, korrekt wendende Hilfen zu geben.

»Schlangenlinien durch die ganze Bahn – fünf Bögen!« Start ist auch hier wieder am Wechselpunkt; Sie reiten in S-förmigen gleichmäßigen Bögen über die gesamte Bahnbreite hinweg zur jeweils gegenüberliegenden Seite. Ganz wichtig ist dabei abermals die saubere Umstellung des Pferdes in der Mitte eines jeden Bogens. Die Zahl der Bögen, die geritten werden sollen, wird vom Reitlehrer angesagt. Bei jeder ge-

raden Zahl erfolgt, im Gegensatz zur ungeraden Zahl, kein Handwechsel.

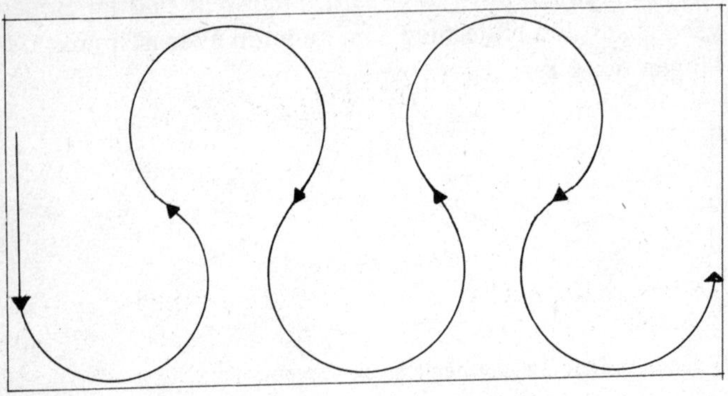

Bahnfigur: Schlangenlinien durch die ganze Bahn – fünf Bogen

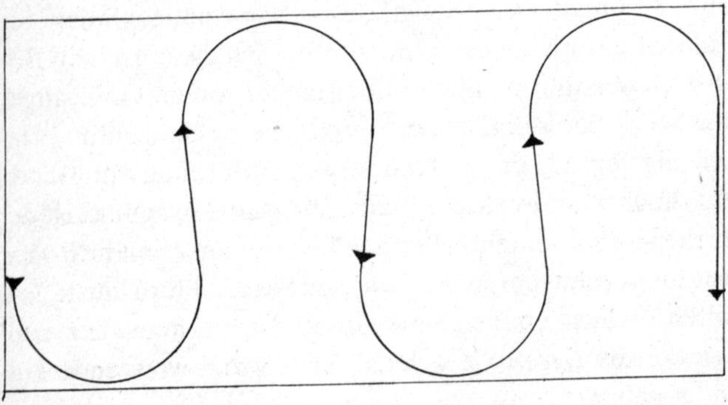

Bahnfigur: Schlangenlinien durch die ganze Bahn – vier Bögen

Kleine Springlehre

In diesem Kapitel ist nun keinesfalls beabsichtigt, Sie in die Feinheiten des Turnierspringens einzuweisen. Vielmehr sollen Sie einige wesentliche Grundkenntnisse über *Springtechnik* erfahren, um bei Ihrem ersten Ausritt ins Gelände auch dann gewappnet zu sein, wenn plötzlich ein Baumstamm den Weg versperrt. Ihn müssen Sie ja überspringen.

Der Springsitz

Zunächst einmal müssen Sie beim Springen in den sogenannten *»Springsitz«* gehen. Die Steigbügelriemen sind zwei bis drei Löcher kürzer geschnallt als beim Dressursitz, damit der Fuß eine feste Stütze im Bügel findet. Dabei ist zu beachten, daß Sie die Steigbügel zwar vermehrt austreten, aber nicht in ihnen »stehen«.
Der Unterschied zwischen *Dressursitz* und *Springsitz* besteht im wesentlichen darin, daß der Reiter bei letzterem, der Bewegung des Pferdes folgend, mit dem Gesäß aus dem Sattel und mit dem Oberkörper nach vorn geht. Oberschenkel und Knie müssen fest am Sattel anliegen. Nur dann haben Sie das Gefühl eines festen und sicheren Sitzes. Die Absätze bleiben auch hier tiefster Punkt des Reiters, obwohl

die Beine angewinkelter am Pferdeleib liegen. Die Unterschenkel können zu Anfang, zum Ausgleich für den vorgeneigten Oberkörper, ein wenig vorgenommen werden. Die Hände stehen rechts und links unterhalb des Mähnenkamms am Pferdehals und müssen stets so weit mit vorgehen, daß sie dem Pferd ermöglichen, den Hals lang zu machen.
Handeln Sie so, als wollten Sie das Pferd von oben umarmen. (Aber bitte: keine Übertreibung. Sehen Sie sich die folgende Illustration genau an. Dann wird Ihnen sicher sofort klar sein, was gemeint ist.)

Das Anreiten auf ein Hindernis im Springsitz

Wenn Sie damit anfangen, den Springsitz zu üben, stützen Sie sich ruhig am Mähnenkamm auf. Aber nur so lange, bis Sie Ihr Gleichgewicht gefunden haben. Das Gewicht des Reiters soll sowohl in den festgeschlossenen Knien als auch in den Bügeln abgestützt werden.
Das Gesäß ist nicht ganz aus dem Sattel herausgehoben, wie beispielsweise im extremeren *Rennsitz*. Es bleibt vielmehr in leichter Berührung mit dem Sattel, je nachdem, wie viele Freiheiten Sie dem Pferderücken in der jeweiligen Situation geben können oder müssen.
Der Rücken bleibt, trotz der Vorneigung, gestreckt. Keinen Katzenbuckel machen! Halten Sie Ihren Kopf erhoben.

Anreiten auf das Hindernis, Absprung und Landung

Ein Reiterspruch besagt: »Wirf zuerst dein Herz über das Hindernis, und dann spring ihm nach.« Überwinden Sie also, so gut es am Anfang geht, Ihre Angst. Und nebenbei – Angst ist keine Schande. Jeder Spitzenreiter wollte mit Sicherheit irgendwann einmal vor einer Situation fast kapitulieren, weil ihm seine Angst zuerst übermächtig erschien. Ein Pferd merkt sofort, ob Sie unsicher sind oder Angst haben, weil Sie sich unbewußt verkrampfen. Es wird sich unter Umständen dann etwas einfallen lassen, um Ihnen den letzten Rest Mut zu nehmen. Pferde spüren die Stimmung des Reiters, sie sind ungemein sensibel. Schon ein leichtes Zögern Ihrerseits kann das Pferd zu einer Reaktion veranlassen, die den reibungslosen Ablauf eines Sprunges erheblich stört.

Zunächst werden *Absprung* und *Landung* recht kritische Momente für Sie darstellen. Wichtig ist dabei, daß der Reiter mit der Bewegung des Pferdes mitgeht. Beim Anreiten auf das Hindernis treiben Sie Ihr Pferd energisch – je nach dem Grad seiner Springfreudigkeit – auf das Hindernis zu. Dort müssen Sie nun gefühlsmäßig herausbekommen, ob und zu welcher Seite das Pferd vielleicht ausweichen möchte, oder ob es gar den Sprung verweigern will. Tritt dieser Fall ein, so treiben Sie vermehrt und halten durch festes Anlegen des jeweiligen Schenkels gegen.
Haben Sie beispielsweise eine Begrenzung des Sprungs auf der rechten Seite, wodurch das Pferd also lediglich nach links ausweichen könnte, so nehmen Sie, und das erscheint Ihnen bestimmt mittlerweile logisch, den rechten Zügel vermehrt an, geben eventuell eine halbe Parade und setzen Ih-

ren linken Schenkel stärker ein. Reiten Sie ruhig, bei niedrigen Sprüngen im Trab, an das Hindernis heran. Etwa 10 bis 15 m davor galoppieren Sie Ihr Pferd an.
Spätestens dann gehen Sie in den Springsitz und treiben vermehrt. Dabei soll jedoch das ruhige, rhythmische Reiten nicht aufgegeben werden. Treiben darf nie ein zu starkes oder gar ein heftiges, unkontrolliertes Anstürmen auf das Hindernis hervorrufen. Lassen Sie sich also nicht durch das Pferd die Führung nehmen, indem Sie dieses einfach durch Schnelligkeit über das Hindernis jagen wollen. Das Pferd ist, die schmerzliche Erfahrung haben schon viele Reiter gemacht, in der Lage, »amerikanisch« zu bremsen. Dann springen Sie allein über das Hindernis – und wissen danach, was es bedeutet, katapultiert zu werden.
Seien Sie immer darauf gefaßt, Ihr Pferd vor dem Absprung daran erinnern zu müssen, daß es noch einen Reiter trägt, dem es gehorchen soll. Stellen Sie sich darauf ein, kurz in den Sattel »einsitzen« zu müssen, um einem eventuellen Verweigern durch Kreuzeinwirkung rechtzeitig entgegenzuwirken.
Eines jedoch gibt es, das Sie zu Anfang ganz Ihrem Pferd überlassen sollten: das Abtaxieren, wo und wann genau der Absprung erfolgen muß. Dafür hat das Pferd im Moment noch ein besseres Augenmaß als Sie. Warten Sie also mit Ihren Befehlen, bis Sie ein erfahrener Reiter sind und den Sprung als solchen beherrschen. Dann erst können Sie sich mit den Feinheiten und den verschiedenen Techniken des Springreitens vertraut machen.
Beim Absprung wechselt die Bewegungsrichtung nach vorwärts aufwärts. Gehen Sie mit den Händen in Richtung Pferdemaul vor. Das Pferd muß seinen Hals strecken bzw. lang machen können. Mit Kopf und Hals balanciert sich das Pferd beim Sprung aus. Sie dürfen daher weder durch Ziehen noch Zerren am Zügel das springende Pferd behindern.

Ihr eigener Schwerpunkt muß weiter nach vorn verlagert werden. Ansonsten geraten Sie *»hinter die Bewegung«*. Durch eine korrekte Vorwärtsbewegung des Oberkörpers entlastet der Reiter die Hinterhand des Pferdes und ermöglicht so einen kraftvollen Absprung. Die Knie müssen an den Sattel gedrückt werden, um so während des Sprungs den nötigen Halt zu geben.

Die Sprungphasen über ein Hindernis in korrekter Haltung

Beim Aufsprung bzw., wie es auch heißt, *»Auffußen«* soll der Reiter sein Gewicht weich in den Knien abfangen. Die Knie werden sozusagen als Stoßdämpfer verwendet. Der Oberkörper wird, schon während der Landung, leicht zurückgenommen. Das Streben des Reiters geht dahin, daß der Rücken und vor allem die (empfindlichen) Vorderbeine des Pferdes nicht durch ein abruptes Hineinplumpsen in den Sattel übermäßig belastet und strapaziert werden.
Nachdem Sie »gelandet« sind (und zwar hoffentlich zusammen *mit* dem Pferd), lassen Sie es im ruhigen Galopp auslaufen. Ihr Oberkörper richtet sich wieder entsprechend auf; geben Sie eine oder mehrere Paraden (wie viele muß in Ihrem eigenen Ermessen liegen. Nur Sie allein spüren ja, ob das Pferd noch zu schnell ist). Versammeln Sie Ihr Pferd

wieder. Es ist vielleicht mittlerweile durch den Sprung *»auseinandergefallen«,* steht – anders ausgedrückt – nicht mehr an den Hilfen. Es heißt, der Reiter soll sein Pferd wieder *aufnehmen.*

Das alles sollten Sie jetzt wieder in Ordnung bringen. Hat das Pferd seine Sache gut gemacht, ist es ohne Scheuen gesprungen, so steht es Ihnen zu, stolz auf sich zu sein. Vergessen Sie aber nicht, daß das Pferd immerhin seinen sehr wesentlichen Teil zu Ihrer Leistung beigetragen hat. Loben Sie es also.

Schauen Sie sich nun zum Schluß unserer kleinen Springlehre die folgenden Illustrationen an. Daraus können Sie die Hauptanfangsfehler erkennen, die jedem Springschüler passieren und die hartnäckig immer wiederkehren. Vergleichen Sie diese Illustrationen mit der auf S. 121.

Sehen Sie die Unterschiede? Wenn ja, dann haben Sie erkannt und verstanden, worauf es beim Springen letztlich ankommt.

Springfehler

Links: Der Reiter bleibt hinter der Bewegung. Mitte: Der Reiter kommt ganz aus dem Sattel und gibt seinen Knieschluß auf. Rechts: Der Reiter ist vor der Bewegung

Das Reiten im Gelände

Durch fleißiges Üben in der Reitbahn haben Sie sich nun schon ein gewisses Maß an reiterlichem Können angeeignet. Ihr Sitz ist sicherer und unabhängiger geworden. Sie sind in der Lage, klare und für das Pferd verständliche Hilfen zu geben. Sie haben nicht zuletzt das Verhalten von Reiter und Pferd im Sprung geübt. Der Reitlehrer gibt nun endlich sein Einverständnis: Der erste *Ausritt* lockt. Alle Anstrengungen und Mühen, die vielen in die Reitbahn geflossenen Schweißbäche, das ewige Repetieren, von neuem Anfangen, das manchmal fast die Freude am Reiten verleidet hätte – all das soll und wird sich jetzt lohnen.
Ausreiten ist unbestreitbar eine der schönsten Seiten des Reitens. Nicht nur, weil Sie ja jetzt hoch zu Roß auch für die Allgemeinheit zu sehen sind. Kaum eine andere Sportart bietet in diesem Maße die Verbindung zwischen Natur und sportlicher Betätigung. Jetzt erfüllen sich die Erwartungen und Hoffnungen, die Sie an den Reitsport geknüpft hatten. Sie werden ein ungeahntes Gefühl der Befreiung und der Freude erleben, wenn Sie zum ersten Male über weiche Waldwege und über weite Felder reiten können; wenn Sie mit Ihrem Pferd eins sind in dem Verlangen, den Horizont zu »erobern«. Doch was wichtiger ist: Sie werden mit frohem Herzen jeden Ausritt beginnen, heute, morgen, übermorgen und... noch in Jahren und Jahrzehnten. Da wird

dann die Verbundenheit zwischen Reiter und Pferd offenbar, die Übereinstimmung zwischen Mensch und Tier, die Kameradschaft unter zwei Freunden.

Rudolf G. Binding hat es in seiner vortrefflichen »Reitvorschrift für eine Geliebte« in poetischer Form meisterhaft ausgedrückt: »Komme in Sonne und Luft. Laß die Reitbahn mit Staub, Ecken und Enge den anderen Menschen. Komme auf freie, ewige Bahn, wo jungfräuliches Gras im Tau steht, Schatten des Laubes über deinen Weg tanzen, wo das Licht dich liebkost, wo der Wind dich umspielt, wo es keine Grenzen gibt, wo dein Herz weit wird und in das Grenzenlose seiner Herrschaft einreitet. Draußen nur trägt dein Pferd dich recht. Draußen nur, unter freiem Himmel, ist es ganz königlich, ist es ganz Tier. Draußen nur ist es wirklich beschwingt. Nur wenn es dir draußen gehorcht, gehorcht es dir ganz. Draußen nur fühlt es ganz seine Macht, fühlst auch du ganz seine Macht, herrschst du über das ganze befreite Maß seiner Macht.«

Denn auch das Pferd wird im Gelände ein anderes Verhalten an den Tag legen als in der Reitbahn. Fast alle Pferde sind bei einem Ausritt nicht wiederzuerkennen. Was in der Bahn ein oft müder und (seien Sie ehrlich, Sie haben solches des öfteren gedacht) »sturer« Bock war, entpuppt sich auf einmal als munterer Geselle, den Sie zu Ihrem Erstaunen plötzlich mehr zurückhalten müssen als ihn vorwärts zu treiben. Im allgemeinen sind Pferde im Gelände sehr viel reger und aufmerksamer (es sei denn, Sie haben schon beim Bahnreiten auf einem Temperamentsbündel gesessen). Auch das Pferd hat Wiesen und Wälder lieber als die öde Wand der Reithalle.

Lassen Sie sich also nun von Ihrem ersten Ausritt überraschen.

Allgemeine Regeln zum Reiten im Gelände

Natürlich gehen Sie die erste Zeit nicht allein, sondern mit der Abteilung ins Gelände. Der Reitlehrer bestimmt die Reihenfolge der Reiter. Soweit genügend Platz vorhanden ist, können jeweils zwei Reiter sowohl im Schritt als auch im Trab nebeneinander reiten. Im Galopp bleibt man hintereinander.

Geländereiten setzt nicht nur ein bereits ausreichendes Maß an reiterlichem Können voraus, sondern auch Verantwortungsbewußtsein und Umsicht. (Diese beiden Eigenschaften dokumentieren Sie auch damit, daß Sie im Gelände unbedingt Ihre Reitkappe aufsetzen.) Der Reiter soll sich nicht von seinem Pferd spazierentragen lassen, sondern aktiv reiten. Er muß auf den Reitweg achten, um das Pferd eventuell um eine Baumwurzel, einen großen Stein oder ähnliche »Hindernisse«, die das Pferd zum Stolpern bringen könnten, herumzuführen. Der Reiter hat einen besseren Überblick; er darf nie von seinem Pferd erwarten, daß es stets in vollkommener Wachsamkeit aufpaßt, wohin es tritt. Pferde nehmen alle Eindrücke der sich ändernden Umgebung sehr aufmerksam auf; nicht zuletzt, um auszumachen, ob nicht bald ein Strauch kommt, von dem es im Vorbeitraben mal schnell etwas abzupfen kann.

In diesem Zusammenhang gleich eine wichtige Regel: Verhindern Sie während eines Rittes, so gut Sie es vermögen, daß Ihr Pferd sich einmal rechts, einmal links des Weges »Grünfutter« verschafft. Erstens kann das ansonsten zur Gewohnheit werden; Ihr Pferd wird künftig keinen Strauch oder Baum am Wegesrand mehr ungeschoren lassen. Zweitens sind, wie Sie sicher wissen, in Gottes freier Natur nicht alle Pflanzen harmlos oder verträglich, manche sind sogar

giftig. (Etwas anderes ist es natürlich, wenn Sie Ihr Pferd während einer Rast ein wenig grasen lassen wollen.)
Da wir nun gerade bei Pflanzen und Sträuchern sind: Es versteht sich von selbst, daß Sie Felder oder Schonungen meiden. (Ausnahme: die abgeernteten Stoppelfelder im Herbst.) Sie lieben es ja sicher auch nicht, wenn jeder x-beliebige in Ihrem Garten die Blumen zertrampelt!
Seit dem 1. Januar 1975 gibt es ein Gesetz, welches das Reiten auf Wanderwegen grundsätzlich erlaubt. Ausgenommen sind lediglich von den einzelnen Forstverwaltungen mit Verbotsschildern gekennzeichnete Erholungsgebiete oder einzelne Spazierwege. Diese sollten Sie aber auch wirklich nicht benutzen. Falls Sie es doch tun und erwischt werden, müssen Sie mit einer Anzeige rechnen. Das wird dann eine teure Angelegenheit. Also: Runter von den »verbotenen Wegen«; schließlich gibt es überall noch genügend schöne und für Reiter freigegebene Strecken.

Reitverbotsschild:
Reiten ist auf diesem Weg nicht erlaubt

Reitgebotsschild:
Reiten ist auf diesem Weg erlaubt

Als verantwortungsbewußter Reiter werden Sie außerdem auf Spaziergänger, natürlich besonders auf Kinder, Rücksicht nehmen. Kein gutes Benehmen legt der Reiter an den Tag, der im Galopp heranrast, worauf sich die Spaziergänger vor den donnernden Hufen nur noch glauben in Sicherheit bringen zu können, indem sie sich mit kühnen Sprüngen links und rechts in die Gräben retten. Reiten Sie vielmehr im Schritt oder bestenfalls im ruhigen Trab und in genügend großem Abstand an den Spaziergängern vorbei.

Auch zu Ihren Mitreitern halten Sie bitte ausreichend *Abstand.* In der Reitbahn galt als notwendiger Abstand eine Pferdelänge; im Gelände sollte dieser schon mindestens zwei Pferdelängen betragen. Sie müssen ja noch, vor allem bei den schnelleren Gangarten, auf Unebenheiten des Bodens achten können, und Sie brauchen außerdem genügend Raum, um ein Aufreiten auf den Vordermann verhindern zu können. Es ist ja möglich, daß dieser plötzlich durchpariert oder daß dessen Pferd unerwartet scheut.

Auf keinen Fall dürfen Sie Ihren Vordermann *»überreiten«*, das heißt überholen. Das kostet Sie sonst, nach der Rückkehr in den Stall, einige Runden im Reiterstübchen. Und gar den Têtenreiter überholen? Nein, daran werden Sie sicher nicht einmal im Traum denken. Denn damit verstießen Sie gegen ein eisernes, wenn auch ungeschriebenes Gesetz.

Werden Sie im Gelände von einem *Gewitter* überrascht, sollten Sie freie Felder und Wiesen möglichst sofort verlassen. Die Gefahr, daß Reiter und Pferd vom Blitz getroffen werden, ist dort größer als beispielsweise in einem Waldgelände, wo es noch andere, erhabenere Punkte gibt.

Achten Sie immer auf die *Bodenbeschaffenheit.* Sumpfige und morastige Stellen sind zu meiden. Es gibt für ein Pferd nichts Schlimmeres, als plötzlich den Boden unter den Füßen zu verlieren.

Auf Waldpfaden muß sich der Reiter öfter unter Zweigen und Ästen ducken. Kleinere Äste sollten Sie mit der Hand oder dem Unterarm abwehren. Auf keinen Fall aber dürfen Sie die Äste festhalten. Diese schnellen zurück und treffen dann womöglich den Hintermann ins Gesicht.

Beugen Sie – wenn es nötig ist – den Kopf nicht über den Pferdehals, sondern rechts oder links daran vorbei. Sie würden ansonsten, wenn das Pferd plötzlich mit seinem Kopf hochgeht, einen nicht zu unterschätzenden Kinnhaken verpaßt bekommen.

Die Gangarten im Gelände

Grundsätzlich wird beim Ausritt leichtgetrabt und im leichten Sitz galoppiert. Die Steigbügel sind immer ein bis zwei Löcher kürzer geschnallt als beim dressurmäßigen Reiten in der Bahn. So sind Sie auch jederzeit für einen kleinen Sprung bereit.
Leichtgetrabt wird vor allem, um den Pferderücken zu entlasten und um gleichzeitig zu verhindern, daß Pferd und Reiter allzu rasch ermüden. Von Zeit zu Zeit soll der Reiter während des Trabens den Fuß wechseln, um nicht ständig ausschließlich ein Beinpaar des Pferdes zu belasten. Im Galopp nehmen Sie, wie schon gesagt, den *leichten Sitz* ein. Es gibt aber hier einen wichtigen Unterschied zu dem eigentlichen Springsitz: Das Gesäß sollte nicht allzu weit aus dem Sattel gehoben werden, nur dann können Sie jederzeit einsitzen und durchparieren. Mit Ihrem Hosenboden sollten Sie immer ein wenig den Sattel berühren. Federn Sie in den Knien nach; gehen Sie im Gelände besonders auf die Bewegungen des Pferdes ein, um es nicht in seiner Bewegungsfreiheit zu behindern. Im Galopp sollten Sie, aus den oben angeführten Gründen, ebenfalls die Seiten wechseln. Reiten Sie eine Strecke im Links-, die nächste im Rechtsgalopp usw.

Reiten im leichten Sitz:
Oben in korrekter, unten in verkrampfter und fehlerhafter Haltung

Je länger Sie ausreiten, um so mehr müssen Sie darauf achten, mit den vorhandenen Kräften hauszuhalten. Sicher hängt es in großem Maße von der Kondition des Pferdes ab, ob dieses stärker, weniger stark oder über Gebühr belastet werden kann. Allgemein gilt jedoch die Grundregel: Das Tempo muß stets dem Gelände angepaßt sein (einen Galopp über abschüssige, steinige Wege überlassen Sie am besten weiterhin den Cowboys – und schauen sich das dann begeistert im Fernsehen an). Auf harten und steinigen Böden sowie auf Asphalt- und Steinpflasterstraßen wird grundsätz-

lich nur im Schritt geritten, um Sehnen und Hufe zu schonen. Außerdem sollten Sie sich auf schmalen Waldwegen, bevor Sie traben oder galoppieren, davon überzeugen, daß keine Wurzeln als Hindernisse aus dem Boden ragen. Das Pferd würde möglicherweise darüber stolpern – und das ist noch das Harmloseste, was passieren könnte.
Ferner sollten Sie das Tempo nur langsam steigern. Also: nicht von Beginn des Ausrittes an galoppieren. Lassen Sie sich, und vor allem dem Pferd, Zeit, die Muskeln zu lösen. »Beginne deinen Ausritt im Schritt und kehre im Schritt zum Stall zurück«, heißt es. Natürlich werden Sie auch längere Strecken ohne Unterbrechung traben oder galoppieren. Grundbedingung bei allem ist jedoch, daß das Pferd nicht überfordert wird. Einem ausgedehnteren Galopp sollte ein freier Schritt am langen Zügel folgen.

Scheuen und Durchgehen

Pferde sind nun einmal sehr schreckhafte Tiere. Aufgrund eines unerwarteten Ereignisses gibt es für ein Pferd meist nur eine Reflexreaktion, nämlich: nichts wie weg! Die Flucht ist – zumindest in solchen Fällen – die Verteidigung des Pferdes.
Natürlich existieren da Unterschiede. Manche Pferde sind extrem nervös und regelrechte Angsthasen. Man hat als Reiter ständig das Gefühl, auf einem Pulverfaß zu sitzen. Jedoch auch ein ruhiges und ausgeglichenes Pferd macht vor Schreck einmal einen unverhofften Satz. In der Reitbahn sind die Pferde von gewohnten Geräuschen und Gegenständen umgeben. Anders ist es im Gelände. Da reicht oft ein aufflatterndes Stück Papier, um das Pferd zur Seite springen zu lassen. Schon mancher Reiter hat unversehens Bekannt-

schaft mit dem Waldboden geschlossen, weil er träumend vor sich hinritt und seine Versäumnisse erst »erspürte«, als er sich bereits auf der Erde sitzend wiederfand.
Seien Sie also stets wachsam. In jedem Augenblick kann etwas Unvorhergesehenes geschehen, was Ihr braves, vielleicht gar phlegmatisch anmutendes, im Schritt dahertrottendes Pferd in ein »feuriges Roß« verwandelt: Ein Hase springt aus dem Graben, ein Fußgänger tritt plötzlich aus dem Wald, ein Vogel flattert dicht neben Ihnen auf... kurz, man könnte unendlich viele Möglichkeiten aufzählen, die ein Pferd zum Scheuen veranlassen. In dem Augenblick zeigt es sich dann, ob der Reiter einen gefestigten Sitz hat. Halten Sie deswegen auch im Gelände Ihre Knie stets fest am Sattel.

Scheuen

Manchmal werden Sie sicher auch erleben, daß Ihr Pferd abrupt seinen Gang unterbricht und partout nicht mehr weitergehen will, ja, daß es eventuell sogar eine Art Rückzug einzuleiten versucht, indem es auf der Hinterhand kehrtmachen will. In diesem Fall ist meist ein Gegenstand, den das

Pferd entdeckt hat und der ihm nicht ganz geheuer erscheint, der Stein des Anstoßes. Versuchen Sie, Ihr Pferd trotzdem auf »Vorwärtskurs« zu halten. Treiben Sie kräftig, und reden Sie ihm dabei gut zu. Wenn es die Situation erlaubt, so machen Sie das Pferd mit dem Objekt des Schreckens vertraut; notfalls sogar, indem Sie absitzen und das Pferd heranführen. Reden Sie beruhigend auf das Pferd ein. Das allein kann schon Wunder wirken. Merken Sie sich bei der Gelegenheit folgende Regel: Die Ruhe, mit welcher der Reiter einer Panikstimmung seines Pferdes begegnet, überträgt sich letztlich auch auf das Pferd. Mit Ungeduld und gar Peitschenhieben erreichen Sie nichts – außer noch mehr Panik. Strafen sind auf jeden Fall völlig fehl am Platz.
Sie werden in Ihrer Reiterlaufbahn öfter in Situationen geraten, die nicht nur Ihr reiterliches technisches Können verlangen, sondern auch Mut und Besonnenheit. Die letztgenannten Eigenschaften sind besonders dann erforderlich, wenn – was Ihnen sicher nicht erspart bleibt – Ihr Pferd einmal »durchgeht«, das heißt vor Schreck und in höchster Panik kopflos davonstürmt. Da helfen dann oft keine noch so korrekt gegebenen Paraden mehr. Das Pferd hat sich womöglich auf dem Trensengebiß festgebissen und somit dem

Durchgehen

Reiter die Möglichkeit genommen, Einwirkung auf das Pferdemaul nehmen zu können.
Wenn genügend Platz vorhanden ist, das Pferd also nicht gerade auf einem schmalen Waldpfad durchgeht, sollten Sie versuchen, nach links oder rechts einen großen Kreis zu reiten, den Sie allmählich verkleinern – bis das Pferd zum Stehen kommt. Um zum Abbiegen zu veranlassen, muß sich der Reiter bewußt in den linken bzw. rechten Zügel hängen. Das Pferd muß, wenn sein Hals in die gewünschte Richtung gebogen wird, schließlich nachgeben und in den Kreis einbiegen.
Auf schmalen Pfaden, wo die oben beschriebene Methode nicht durchzuführen ist, kann der Reiter mit wirklich guten Nerven, der außerdem bereits über einige reiterliche Erfahrungen verfügt, wie folgt vorgehen: Er treibt sein Pferd zu noch größerem Tempo an, die Zügel werden abwechselnd nachgegeben und wieder angenommen. Dadurch wird das Pferd veranlaßt, das Gebiß wieder anzunehmen; der Reiter kann dann durch Paraden das Pferd wieder unter Kontrolle und zum Halten bringen.
Ihnen als Anfänger rate ich in solch einem Fall zu einer anderen, leider recht brutalen Art. (Bevor ich sie Ihnen im einzelnen schildere, möchte ich ausdrücklich darauf hinweisen, daß es sich hier um eine absolute »Notbremse« handelt, die Sie wirklich nur anwenden sollten, wenn die Situation sehr gefährlich wird; das Pferd z. B. in wildem Galopp auf eine verkehrsreiche Straße zujagt.) Mit der einen Hand stellen Sie den Zügel fest und halten sich mit ihr zusätzlich an der Mähne oder am Sattelzwiesel fest. Mit der anderen Hand nehmen Sie den Zügel hoch und geben harte, immer wieder kurz nachgebende Paraden. Zugleich müssen Sie sich im Sattel möglichst schwer machen und das Pferd mit den Schenkeln vorwärtstreiben. Dadurch wird es gezwungen, den Kopf hoch zu nehmen und mit der Hinterhand vermehrt

unterzutreten, es wird infolgedessen langsamer. Besonders wichtig ist hierbei das unterstützende Einwirken der treibenden Hilfen mit Kreuz und Schenkeln. Ein bloßes kräftiges Ziehen am Zügel bewirkt das Gegenteil. Das Pferd beißt sich dann nur noch mehr auf dem Gebiß fest.

Stürzen

Vom Pferd zu fallen bleibt keinem Reiter erspart. Ein Reiterspruch lautet: »Wer nie den Boden hat geküßt, weiß nicht, wie schön das Reiten ist.«
Um das jedoch so selten wie möglich zu erleben, gibt es einige Grundregeln, mit denen Sie manchmal einen Sturz noch rechtzeitig abfangen können. Wenn das Pferd scheut, einen überraschenden Sprung zur Seite macht oder »bukkelt« (aus Übermut einen Katzenbuckel macht), so setzen

Buckeln: Links: Richtiger Sitz. Rechts: Fehlerhafter Sitz

Sie sich mit dem Kreuz fest in den Sattel, der Oberkörper wird zurückgenommen. Zusätzlich können Sie sich am Sattelzwiesel oder in der Mähne des Pferdes festhalten.
Voraussetzung ist natürlich, daß Sie schnell genug reagieren. Über den festen Knieschluß brauche ich Ihnen nichts mehr zu sagen. Der ist all die Zeit über, die Sie auf dem Pferderükken sitzen, gewissermaßen »Pflichthaltung« und für Sie sicher auch schon eine Selbstverständlichkeit geworden.
Sollten alle Festhaltekünste jedoch versagen und Sie im Gelände doch einmal aus dem Sattel »fliegen«, so ist es ganz nützlich zu wissen, auf welche Weise schlimme Verletzungen vermieden werden können.
Sollten Sie merken, daß Sie nun wirklich nichts mehr im Sattel und auf dem Pferd halten kann, so versuchen Sie nach Möglichkeit noch, die Füße aus den Steigbügeln zu nehmen (falls letztere nicht bereits von selbst weggerutscht sind). Sie entgehen so wenigstens dem zweifelhaften Vergnügen, eventuell noch einige Meter mitgeschleift zu werden.
Ziehen Sie im Fallen den Kopf ein, schützen Sie ihn möglichst noch mit den Armen, und versuchen Sie, sich am Boden abzurollen. Je runder Sie sich machen und je weicher Sie fallen, desto weniger ernsthafte Verletzungen können entstehen. Ein persönlicher Tip von mir: Nachdem ich im Verlauf meiner Springausbildung immer wieder auf den Rücken fiel und mein Reitlehrer behauptete, ich sei sogar zu dumm zum Herunterfallen (allerdings drückte er sich noch ein wenig unfeiner aus), beschloß ich, das Fallen regelrecht zu lernen – und zwar in einem Judoclub. Wenn Sie also das problemlosere Stürzen nicht erst über eigene Erfahrungen lernen wollen, so probieren Sie es doch auch einmal mit *Judo.* Ein paar Übungsstunden genügen völlig.
Wenn ein Sturz relativ harmlos und sanft ausfällt, sollten Sie versuchen, die Zügel in der Hand zu behalten. Sie ersparen es sich dann, Ihr Pferd unter Umständen einfangen oder,

wenn Sie alleine unterwegs waren, zu Fuß zum Stall zurückkehren zu müssen. Einige sehr lobenswerte Pferde bleiben, sobald sie keinen Reiter mehr im Sattel spüren, stehen und lassen sich bereitwillig wieder ergreifen. Andere jedoch stürmen auf und davon.

Sind Sie allein ausgeritten, hat es wenig Sinn, dem Pferd hinterherzulaufen. Pferde besitzen einen guten Ortssinn und finden in der Regel allein wieder zu ihrem Stall zurück. Sie können dann bloß hoffen, daß dem Pferd unterwegs nichts passiert.

Bei schwereren Stürzen lassen Sie die Zügel los, um nicht auch noch unter das Pferd zu geraten oder von ihm getreten zu werden. Im allgemeinen vermeidet es das Pferd, einen auf dem Boden liegenden Menschen zu treten. Manchmal aber kann es nicht mehr schnell genug reagieren und zur Seite springen. Sollten Sie wirklich einmal zusammen *mit* Ihrem Pferd stürzen, so rollen Sie sich so rasch wie möglich vom Pferd weg, damit dieses nicht auf Sie fällt. Ein Gewicht von acht bis zwölf Zentnern ist schwer zu ertragen.

Bergauf- und Bergabreiten

Ein Reitersprichwort lautet: »Bergab leite mich, bergauf schone mich, in der Ebene gebrauche mich – sagt das Pferd.« Im unebenen Gelände läßt es sich nicht vermeiden, auch *steile Hänge* oder *Gefälle* zu überwinden. Sie werden dann die Erfahrung machen: Je steiler die Hänge, desto vorsichtiger tasten die Pferde sich aufwärts. Grundsätzlich bedeutet es für ein Pferd jedoch keine Schwierigkeit, selbst Steigungen von mehr als 50 ° sicher zu nehmen, sofern es vom Reiter nicht behindert wird. Überlassen Sie es also weitestgehend Ihrem Pferd, wo es gehen will. Wichtig ist nur, daß das Pferd stets *senkrecht zum Hang* bleibt. Daher muß der Reiter durch Einwirken mit den Unterschenkeln ein seitliches Ausweichen der Hinterhand verhindern. Beim Bergaufreiten strebt das Pferd danach, steilere Anhöhen in galoppähnlichen Sprüngen zu bewältigen.

Bergab gehen Pferde immer im Schritt. Beträgt das Gefälle mehr als 50°, so setzen sich die Pferde auf die voll angewinkelten Hinterbeine und rutschen auf diese Weise den Berg hinunter.

Der Reiter muß, um sein Pferd nicht zu behindern, sowohl beim Bergauf- als auch beim Bergabreiten mit dem Oberkörper nach vorne gehen. So wird das Gewicht nach vorne verlagert; die Zügel bleiben kurz, der Reiter hält sich durch festen Knieschluß im Sattel. Auf abschüssigen Strecken kann sich ein Reiter eventuell auf dem Widerrist des Pferdes abstützen.

Bergabreiten: Links in korrekter, rechts in fehlerhafter Haltung

Starke Steigungen bereiten weniger Schwierigkeiten, wenn sich der Reiter weit nach vorne beugt und zum Festhalten den Pferdehals umfaßt. Es empfiehlt sich hierbei, die Anlehnung zum Pferdemaul unter Umständen fast völlig aufzugeben. Dann ist das Pferd im Maul völlig unbehindert und kann sich unbeeinflußt seiner natürlichen Balancierstange – des Halses – bedienen. Es ist jedoch hierbei ganz besonders darauf zu achten, daß das Pferd den Hang genau senkrecht hinaufklettert; denn seitliches Ausweichen kann unter Umständen zum Absturz führen.

Bergaufreiten: Links in korrekter, rechts in fehlerhafter Haltung

Verhalten im Straßenverkehr

Eigentlich sollten Sie darauf verzichten, auf verkehrsreichen Straßen zu reiten. Leider müssen Sie aber manchmal erst eine befahrene Straße überqueren, um in ein schönes Waldgebiet zu kommen. Geraten Sie in diese Situation, so wählen Sie eine einigermaßen übersichtliche Stelle. Dann reiten Sie *im Schritt* auf die andere Seite. Im Trab könnte das Pferd auf dem glatten Asphalt ausrutschen. In der Abteilung wird die Straße gruppenweise überquert; erst wenn alle Reiter auf der Gegenseite angelangt sind, reitet die Abteilung weiter.

Ist es nicht zu vermeiden, längere Zeit eine Straße zu benutzen, so wird – in der Abteilung – einzeln hintereinander auf der äußersten rechten Seite, und zwar im Schritt, geritten. Nicht alle Pferde sind unbedingt verkehrssicher, viele fürchten sich vor den lauten Motorengeräuschen. Da Sie außerdem nicht immer mit der Rücksichtnahme der Autofahrer rechnen können, ist es besonders wichtig, das Pferd völlig in der Hand zu haben. Gutes Zureden und beruhigende Worte erweisen sich auch hier wieder als die besten Mittel, das Pferd zu besänftigen.

Gehen Sie mit einem ängstlichen Pferd möglichst niemals allein über eine Straße. Es könnte vor lauter Angst in ein Auto hineinlaufen. In der Gruppe hingegen regt es sich oft schnell wieder ab, denn dann merkt es, daß auch seinen »Kollegen« nichts geschieht.

Sollten Sie einmal im Gelände von der hereinbrechenden Dunkelheit überrascht werden, so reiten Sie vorsichtig im Schritt weiter. Kritisch wird die Situation erst dann, wenn Sie im Dunkeln eine Straße entlang reiten müssen. Vorschrift ist, daß entweder dem Pferd an den Hinterbeinen, oberhalb der Fessel, *Rückstrahler* angelegt werden oder der

Reiter sich Speziallampen an den Stiefeln befestigt. Damit sind Pferd und Reiter für Autofahrer rechtzeitig erkennbar. Es ist also zu empfehlen, die Rückstrahler stets mitzunehmen, wenn ein längerer Ausritt auf dem Programm steht.

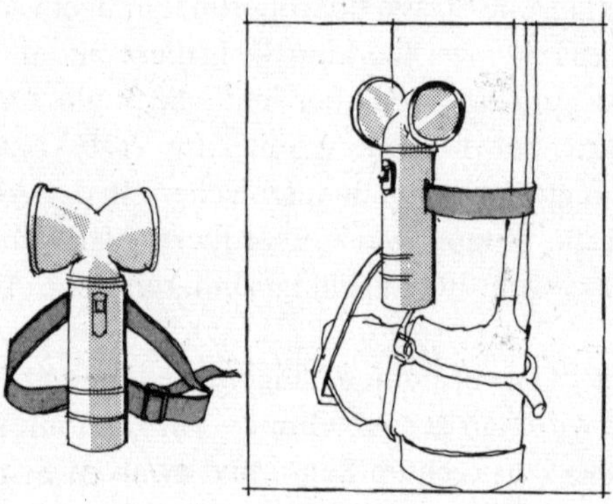

Rückstrahler an den Reiterstiefeln

Rasten

Bei längeren Ritten empfehlen sich für Reiter und Pferd *(Verschnauf-)Pausen.* Die Häufigkeit des Rastens richtet sich nach der Gesamtlänge des Rittes. Die letzten zwanzig Minuten vor einer Rast sind im Schritt zu reiten, damit die Pferde nicht erhitzt herumstehen und sich erkälten. Nach Möglichkeit ist ein schattiger und windgeschützter Platz zum Rasten auszusuchen. Nach dem Absitzen werden die Steigbügel hochgezogen; der Sattelgurt wird gelockert.
An Bäumen oder Zäunen (ohne Stacheldraht) kann man die Pferde einzeln festmachen. Besser ist es jedoch, mehrere Pferde durch *»Schlaufen«* zu verbinden. Dabei stehen die Pferde auf gleicher Höhe nebeneinander. Die Zügel werden

nach vorne über den Kopf genommen und etwas kürzer geknotet. Durch die Zügel des ersten Pferdes werden die des zweiten, durch die des zweiten Pferdes die des dritten gesteckt usw. Ein Reiter, der die Zügel des letzten Pferdes in der Hand hält, übernimmt die Aufsicht.

Das Schlaufen mehrerer Pferde bei einer Rast im Gelände

Heimritt und Heimkehr

Mindestens die letzte Viertelstunde vor der Heimkehr wird im Schritt zurückgelegt. Kommen Sie möglichst nicht mit einem schweißnassen Pferd zum Stall zurück. Eine Regel besagt: »Trocken aus dem Stall – trocken in den Stall.« Unterdrücken Sie also den Drang Ihres Pferdes, in überhastetem Gang vorwärts zu gehen. Es ist eine alte Reiterweisheit, daß Pferde auf dem Nachhauseweg oft sehr gehfreudig sind. Sie riechen bereits den Hafer in der Krippe.

Im Stall angelangt, wird das Pferd abgesattelt (s. S. 104); die Hufe sind zu säubern (s. S. 35, 36).

Doch nicht immer wird es Ihnen gelingen, mit einem völlig »trockengerittenen« Pferd nach Hause zu kommen. Viele

Pferde schwitzen allein schon aus Nervosität. Vor allem in der kälteren Jahreszeit darf das Pferd dann nicht einfach in den Stall gestellt werden. Pferde, die lebenslang im Stall stehen, sind nicht besonders abgehärtet, sie erkälten sich demnach relativ schnell. Rücken Sie einem verschwitzten Pferd also erst einmal mit *Strohbüscheln* zu Leibe, d. h., reiben Sie es damit trocken. Widmen Sie der Nierengegend besondere Aufmerksamkeit. Strohbüschel werden empfohlen, weil sie die Feuchtigkeit besonders gut aufnehmen.

Abschließend noch ein spezieller Hinweis: Legen Sie die *Stalldecke* nie direkt auf den noch feuchten Pferderücken. Sonst saugt sich die Decke mit Schweiß voll, und das Pferd kühlt aus. Das vermeiden Sie, wenn Sie für etwa eine Stunde mehrere Strohbüschel über den Rücken verteilt zwischen Pferdeleib und Decke schieben und die Decke mit dem Deckengurt befestigen.

Unterlegen von Strohbüscheln unter die Stalldecke

Kleines Pferdelexikon

Absitzen Vom Pferd »heruntersteigen« (s. S. 47 ff.).

Abstand Beim → Abteilungsreiten muß zwischen den einzelnen Reitern ein Abstand von einer → Pferdelänge bestehen. Im → Gelände sollte der Abstand etwa zwei bis drei Pferdelängen betragen.

Abteilungsreiten Reitstunde, an der mehrere Reiter teilnehmen, die in einer vom Reitlehrer bestimmten Reihenfolge hintereinander herreiten.

Angaloppieren Aus dem Schritt, Trab oder Halt in den → Galopp übergehen. Das Pferd wird leicht nach innen gestellt (→ Stellung). Der innere Schenkel des Reiters treibt (→ Treiben), der äußere verwahrt (→ verwahrender Schenkel). Durch Gewichtsverlagerung auf den inneren Gesäßknochen und vermehrten Druck des inneren Schenkels galoppiert das Pferd an (s. S. 88 ff.).

Anlehnung Ständige und feinfühlige Verbindung zwischen Reiterhand und Pferdemaul durch die → Zügel.

Anreiten Das Pferd in Bewegung setzen (s. S. 77).

Antraben Übergang vom → Schritt in den → Trab durch vermehrtes Anspannen des Kreuzes, verstärktes → Treiben beider Schenkel am → Sattelgurt und Nachgeben der → Zügel (s. S. 80).

Arbeitsgalopp Im Arbeitsgalopp werden keine besonderen Anforderungen gestellt. Das Pferd soll taktmäßig und ruhig galoppieren. Die Weite der einzelnen Galoppsprünge liegt zwischen dem → versammelten und dem → Mittelgalopp.

Arbeitstrab Bei diesem Gangmaß (→ Tempo) werden keine besonderen Anforderungen an das Pferd gestellt. Die taktmäßigen Trabtritte liegen in ihrer Trittlänge zwischen dem → versammelten und dem → Mittelschritt.

Aufreiten Aufgabe des → Abstandes beim → Abteilungsreiten oder im → Gelände. Der Grund ist zumeist ein zu gering eingehaltener Abstand zum Vordermann.

Aufsitzen Das »Aufsteigen« auf ein Pferd (s. S. 44ff.).

Aufzäumen Dem Pferd die → Trense anlegen (s. S. 41ff.).

Ausbindezügel → Hilfszügel, deren Riemen in der Länge verstellbar sind und die beidseitig gleich lang vom → Sattelgurt zu den jeweiligen Trensenringen führen (s. Illustration S. 29).

Auseinanderfallen Ein Pferd ist auseinandergefallen, wenn es nicht mehr korrekt an den → Hilfen steht und sich schleppend und träge vorwärts bewegt.

Ausreiten Mit dem Pferd ins → Gelände gehen. Gegenteil vom Reiten in der → Reitbahn.

Außengalopp Linksgalopp (→ Galopp), der auf der rechten → Hand, oder Rechtsgalopp, der auf der linken Hand geritten wird.

Aussitzen Der Reiter bleibt im → Trab ständig mit dem Pferderücken in Verbindung. Der Reiter »klebt« im Sattel und fängt jeden Trabtritt durch geschmeidiges Mitgehen in der Hüfte und mit dem Kreuz auf. Gegenteil von → Leichttraben (s. S. 81ff.).

Bahnfiguren → Hufschlagfiguren.

Bahnordnung Durch die Bahnordnung wird das Verhalten mehrerer Reiter in der → Reitbahn vorgeschrieben (s. S. 70ff.).

Bandagen Ausrüstungsteil des Pferdes, um die Sehnen und Röhren der Pferdebeine zu schützen (s. Illustration S. 30).

Bande Abgeschrägte Holzverkleidung rings um die → Reitbahn.

Betreten der → Reitbahn Ehe man eine Reitbahn betritt, in der bereits andere Reiter reiten, ruft man »Tür frei!«. Erst wenn die Antwort: »ist frei!« ertönt, darf man eintreten.

Biegung Das Pferd ist vom Hals bis in die Rippen nach einer Seite gebogen. Der Grad der Biegung muß der jeweils gerittenen → Hufschlagfigur entsprechen. Eine Biegung des

Pferdes ist stets mit → Stellung verbunden (s. S. 95f.).

Bodenricks Auch Cavaletti genannt. Etwa drei Meter lange Holzbarrieren ca. zwanzig Zentimeter hoch, die in unterschiedlichen Abständen (je nach → Gangart) auf den → Hufschlag gelegt werden.

Dressursattel Spezialsattel, dessen Sattelblatt nach unten stark verlängert und fast gerade geschnitten ist. Dadurch ermöglicht er dem Dressurreiter einen besonders guten Kontakt zwischen Schenkeln und Pferdeleib (s. Illustration S. 21).

Durcheinanderreiten Gegenteil von → Abteilungsreiten. Jeder Reiter reitet für sich allein.

Durchgehen Das Pferd stürmt aus Angst in höchster Panik davon (s. S. 131ff.).

Durchparieren → Paraden.

Einfacher Galoppwechsel Wechsel – beispielsweise vom Links- in den Rechtsgalopp, der mit einem → Handwechsel im → Galopp einhergeht. Das Pferd wird zum → Schritt → durchpariert. Nach etwa drei bis vier Tritten wird auf der anderen → Hand neu → angaloppiert.

Einwirkung Die → Hilfen des Reiters, die das Pferd in Bewegung setzen und die dem Pferd mitteilen, was der Reiter von ihm möchte.

Englisches Reithalfter Trense, die im Gegensatz zum → Hannoverschen Reithalfter einen rundum verschnallbaren Nasenriemen hat, der eine Handbreit oberhalb des Trensengebisses (→ Gebiß) um den Pferdekopf führt (s. Illustration S. 25).

Exterieur des Pferdes Die gesamte äußere Erscheinungsform des Pferdes (s. Illustration S. 13).

Fliegender Galoppwechsel Das Pferd springt, ohne aus dem → Galopp zu fallen (vgl. → einfacher Galoppwechsel) beispielsweise vom Rechts- in den Linksgalopp um. Für den Reitanfänger ist der fliegende Galoppwechsel noch nicht durchführbar.

Fohlen »Pferdebaby«, auch Füllen genannt.

Freier Schritt Der Reiter gibt hierbei die → Anlehnung völlig auf. Das Pferd hat die Möglichkeit, sich im Hals zu strecken. Freier Schritt wird am → hingegebenen Zügel geritten.

Führen des Pferdes Man führt ein Pferd stets auf dessen linker Seite. (Die linke Seite des Pferdes ist identisch mit der des Reiters, wenn dieser in Blickrichtung mit dem Pferd steht oder auf ihm sitzt.) Bei einem aufgetrensten Pferd (→ Trense) werden zum Führen die → Zügel über den Kopf des Pferdes nach vorne gestreift. In der linken Hand hält der Reiter die Zügelschnalle (→ Zügel), mit der rechten faßt er beide Zügel 10 bis 15 cm hinter den Trensenringen (→ Trense) (s. Illustration S. 43).

Fußwechsel Um die einseitige Belastung eines Beinpaares des Pferdes zu verhindern, wechselt der Reiter beim → Leichttraben den Fuß, indem er einen Trabtritt → aussitzt (s. S. 86).

Galopp Schnellste Gangart des Pferdes im Dreitakt. Man unterscheidet verschiedene → Tempi, nämlich → Arbeitsgalopp, → Mittelgalopp, → versammelter Galopp und → starker Galopp.
Greift das rechte Beinpaar des Pferdes weiter vor, spricht man vom Rechtsgalopp. Greift das linke Beinpaar weiter vor, galoppiert das Pferd im Linksgalopp. Im allgemeinen reitet man Rechtsgalopp auf der rechten, Linksgalopp auf der linken → Hand. Erfolgt im Galopp ein → Handwechsel, muß auch ein Galoppwechsel erfolgen; es sei denn, es soll gewollt ein → Außengalopp geritten werden. Es gibt den → einfachen und den → fliegenden Galoppwechsel (s. S. 86ff.).

Gamaschen Schutz der Pferdebeine vor Verletzungen. Gamaschen sind entweder aus Leder oder Filz. Sie haben darüber hinaus die gleichen Schutzaufgaben wie die → Bandagen (s. Illustration S. 31).

Gangarten Die drei Gangarten eines Dressurpferdes sind: → Schritt, → Trab und → Galopp.

Ganze Parade Verhaltende → Zügelhilfe unter Beibehaltung der → treibenden Hilfen. Die ganze Parade wird angewendet, um das Pferd zum Halten zu bringen (s. S. 68).

Gebiß Mit Gebiß sind, außer dem aus den Zahnreihen gebildeten Kauorgan, die Mundstücke aus Metall oder Gummi gemeint, die dem Pferd ins Maul geschoben werden. Sie liegen dort auf den → Laden auf. An beiden Seiten des Gebißstückes sind die → Zügel befestigt. Man unterscheidet im allgemeinen zwei Hauptarten von Gebissen: Das → Trensengebiß und die → Kandare.

Gehfreudig Pferde, die vor allem bei einem Ritt ins → Gelände willig und zügig vorwärts gehen, nennt man gehfreudig.

Gelände(reiten) In die Natur reiten. Ist das Gegenteil vom Reiten in der → Reitbahn.

Geradegerichtet sein Bei der Ausführung einiger → Hufschlagfiguren oder bestimmter Reitübungen ist es erforderlich, daß das Pferd korrekt geradegerichtet ist. Es muß dabei eine vom Genick über den Hals und Rücken bis zum → Schweif(ansatz) gerade Körperhaltung haben.

Gewichtshilfen Treibende → Hilfen des Reiters durch Gewichtsverlagerung (s. S. 58ff.).

Gummigebiß → Gebiß, das aus einer geteilten oder ungeteilten Gummistange besteht (s. Illustration S. 28).

Halbe Parade Verhaltende Zügelhilfe unter Beibehaltung treibender → Hilfen. Die halbe Parade wird zur Verkürzung des Tempos, zum Übergang in eine niedrigere Gangart und als Achtungszeichen verwendet (s. S. 67f.).

Halfter Zumeist ist das Stallhalfter gemeint, welches das Pferd um den Kopf trägt, damit man es festhalten oder festbinden kann.

Hand, rechte, linke Feststehender Reiterausdruck, mit dem bezeichnet wird, ob Reiter und Pferd in der → Reitbahn auf dem → Hufschlag rechtsherum oder linksherum reiten. Wenn die rechte Hand des Reiters der Bahnmitte zugewandt ist, reitet man auf der rechten Hand (rechtsherum). Auf der linken Hand wird entgegengesetzt geritten.

Handwechsel Wechsel von der rechten auf die linke → Hand. Der Wechsel wird durch bestimmte → Hufschlagfiguren durchgeführt.

Hannoversches Reithalfter Gebräuchlichste → Trense, die von der berühmten Kavallerieschule in Hannover eingeführt wurde (s. Illustration S. 25).

Hengst Männliches, unkastriertes Pferd (s. auch unter → Wallach).

Hilfen Die Einwirkungen des Reiters auf das Pferd, um ihm seinen Willen kenntlich zu machen. Die Hilfen sind sozusagen die »Sprache« zwischen Reiter und Pferd, die durch bestimmte Zeichen mit den → Zügeln, Schenkeln und durch → Kreuzeinwirkung gegeben werden. Man unterscheidet: 1. → treibende Hilfen, 2. → verhaltende Hilfen.

Hilfszügel Zügel, die in Verbindung mit der normalen → Zäumung angebracht werden. Sie dienen dazu, das Pferd in die gewünschte Kopfhaltung zu bringen. Die meistgebräuchlichen Hilfszügel sind: Der → Ausbindezügel, das gleitende → Martingal, der → Stoßzügel.

Hingegebener Zügel Der Reiter gibt über die → Zügel die Verbindung und → Anlehnung zum Pferdemaul auf. Er gibt dem Pferd den Kopf frei und läßt es im → freien Schritt gehen.

Hinterhand Der hintere Teil des Pferdekörpers, bestehend aus Kruppe mit den Hüften, Hinterbeinen und dem → Schweif. Im allgemeinen Gebrauch der Reitersprache meint man jedoch mit Hinterhand zumeist nur die Hinterbeine des Pferdes.

Huf Unterster Teil des Pferdefußes (s. Illustrationen S. 35).

Hufeisen Auch kurz »Eisen« genannt. Sie sind die »Schuhe« des Pferdes, um den → Huf zu schützen. Hufeisen werden vom Hufschmied individuell angepaßt und festgenagelt. Alle sechs bis acht Wochen, je nach Grad der Abnutzung, müssen die Eisen erneuert werden.

Hufpflege Wesentlicher Teil der Pferdepflege. Die → Hufe müssen jeden Tag von innen und außen gesäubert und gepflegt werden, um Hufkrankheiten vorzubeugen (s. S. 36).

Hufschlag Der Weg von Reiter und Pferd an der → Bande entlang. Der erste Hufschlag verläuft direkt an der Bande entlang, der zweite liegt direkt daneben.

Hufschlagfiguren Die unsichtbaren »Straßen« in der → Reitbahn, auf denen sich Reiter und Pferd bewegen. (Die Zusammenstellung der Hufschlagfiguren finden Sie auf S. 105ff.)

Kandare Art des → Gebisses für das Pferd, das für höhere Dressuranforderungen gebraucht wird. Reiten auf Kandare sollte dem Reitanfänger niemals gestattet werden, da die auf Hebelwirkung beruhende besondere Konstruktion der Kandare durch unsachgemäße Handhabung dem Pferd Schmerz im Maul zufügen kann. Der Reiter muß daher bereits über eine ruhige, kontrollierte Handhaltung verfügen und einen ausgewogenen → Sitz haben.

Knieschluß Feste Verbindung des Reiterknies mit dem → Sattel. Das Knie muß stets flach und fest anliegen, um dem Reiter einen festen und sicheren → Sitz zu gewährleisten und um außerdem die Möglichkeit einer korrekten → Hilfen(gebung) zu gewährleisten.

Kommandos Vom Reitlehrer gegebene Befehle, nach denen die Reiter die dadurch angekündigten → Hufschlagfiguren oder Reitübungen ausführen.

Kreuzeinwirkung Treibende → Hilfe des Reiters durch Anspannen des Kreuzes (s. S. 60).

Laden Die zahnlosen Teile des Pferdeunterkiefers, jeweils zwischen dem letzten Schneidezahn und dem ersten Backenzahn. Dort liegt das → Gebiß auf.

Leichter Sitz Der Reiter sitzt nicht mit seinem vollen Gewicht im → Sattel ein, sondern sein Gesäß ist etwas aus dem Sattel gehoben, wobei der Oberkörper leicht vorgeneigt ist. Der leichte Sitz dient zur Entlastung des Pferderückens. Er ist die Vorstufe zum → Springsitz und wird vor allem zum Reiten im → Gelände angewendet.

Leichttraben Der Reiter fängt nicht, wie beim → Aussitzen im → Trab, jeden Trabtritt auf, sondern kommt taktmäßig bei jedem zweiten Trabtritt aus dem → Sattel. Er stützt sich dabei mit festgeschlossenen Knien (→ Knieschluß) und durch Austreten der → Steigbügel ab. Man unterscheidet zwischen Leichttraben auf dem »rechten Fuß« oder auf dem »linken Fuß«. Das bedeutet, daß der Reiter jeweils beim Auffußen des rechten oder linken Hinterbeines des Pferdes in den Sattel kommt. In der → Reitbahn wird, wenn man z. B. auf der rechten → Hand reitet, stets auf dem rechten Fuß getrabt. Auf der linken Hand ist es entsprechend. Erfolgt ein → Handwechsel, muß auch ein Fußwechsel im Trab durchgeführt werden. Der Reiter muß dabei einen Trabtritt aussitzen, sich also einmal im Sattel werfen lassen (s. S. 86).

Longe Eine sechs bis sieben Meter lange Leine aus Gurtenstoff, an der das Pferd in einem großen → Zirkel um den in der Mitte stehenden Longenführer herumläuft (s. Illustration S. 55 f.).

Longieren Das Laufenlassen eines Pferdes an der → Longe.

Losgelassenheit Die Bewegungen des Pferdes müssen natürlich, geschmeidig und ohne jede Spannung und Verkrampfung sein. Der Ausdruck »ein Pferd geht unter seinem Reiter losgelassen«, besagt, daß das

Pferd im ganzen ungezwungen und entspannt ist.

Mähne Die Haare des Pferdes am Hals entlang.

Martingal, gleitendes Es wird auch Springzügel genannt und ist ein → Hilfszügel, der das Pferd hindert, mit dem Kopf zu schlagen oder den Kopf zu hoch zu tragen. Ein Riemen, der unter dem Bauch des Pferdes befestigt wird, läuft zwischen den Vorderbeinen nach vorne durch und teilt sich vor der Brust in zwei Riemen. Diese enden in zwei Ringen, durch die jeweils die → Zügel laufen (s. Illustration S. 30).

Mittelgalopp Die Galoppsprünge sollen hierbei raumgreifender sein als beim → Arbeitsgalopp. Das Pferd tritt mit der → Hinterhand kraftvoller ab. Der Rahmen des Pferdes soll etwas erweiterter sein.

Mittelschritt Die Hinterhufe müssen im Mittelschritt etwas über die Spuren der Vorderhufe hinaustreten. Der Rahmen des Pferdes wirkt gestreckter.

Mitteltrab Die Trabtritte sollen weiter und raumgreifender sein als beim → Arbeitstrab. Das Pferd holt vermehrten Schwung aus der Hinterhand und tritt kraftvoller.

Nachgurten Nachziehen, bzw. festziehen des → Sattelgurtes.

Parade → Ganze Parade, → Halbe Parade.

Pferdelänge Reitermaß für die Bezeichnung von Abständen. Eine Pferdelänge sind etwa drei menschliche Schritte.

Reitbahn Überdeckter, geschlossener oder offener Reitplatz. Die Idealmaße einer Reitbahn sind 20 × 40 oder 20 × 60 Meter. Die Reitbahn wird ringsherum von der → Bande umgrenzt, an der sich bestimmte Symbole befinden, die dem Reiter die korrekte Ausführung der verschiedenen → Hufschlagfiguren erleichtern (s. Illustration S. 71).

Sattel Ausrüstungsteil des Pferdcs, auf dem der Reiter zu Pferde sitzt. Zum Sattel gehören: → Steigbügel, → Sattelgurt, → Satteldecke. Man unterscheidet drei Hauptarten: Den → Springsattel, den → Dressursattel und den → Vielseitigkeitssattel.

Satteldecke Unterlage unter dem Sattel, aus Leder, Filz oder Schaffell (s. S. 22).

Sattelgurt Teil des → Sattels; er wird dem Pferd um den Bauch geschnallt. So wird der Sattel auf dem Pferderücken befestigt.

Satteln Dem Pferd den → Sattel auflegen und festschnallen. Der Sattel wird, leicht von vorne nach hinten schiebend, unmittelbar hinter den Widerrist (s. S. 12 »Das Skelett des Pferdes«) aufgelegt (s. S. 37f.).

Schenkelhilfen Treibende → Hilfen des Reiters durch mehr oder weniger intensiven Druck der Schenkel (s. S. 60ff.).

Schenkelweichen Reitübung, bei der das Pferd sich seitwärts-übertretend vorwärtsbewegt (s. S. 97f.).

Scheuen Ausweichen oder Zurückweichen des Pferdes vor einem ihm unbekannten und angsteinflößenden Gegenstand.

Schlaufen Bei einer Rast im → Gelände die Möglichkeit, mehrere Pferde festzubinden. Die Pferde stehen dabei auf gleicher Höhe nebeneinander. Die → Zügel sind nach vorn über den Hals genommen. Durch die Zügel des ersten Pferdes werden die des zweiten Pferdes, durch die des zweiten Pferdes die des dritten gesteckt usw. Jeweils beim ersten und beim letzten Pferd der Reihe hält ein Reiter Wache (s. Illustration S. 141).

Schritt Die ruhigste und langsamste → Gangart des Pferdes, die im Viertakt abläuft, da das Pferd seine vier Beine nacheinander ab- und auffußt. Man unterscheidet zwischen den verschiedenen → Tempi: → Mittelschritt, → versammelter Schritt, → starker Schritt und → freier Schritt.

Schweif Korrekte Bezeichnung für den Schwanz des Pferdes.

Sitz des Reiters Gemeint ist hiermit der dressurmäßig korrekte Sitz; im Gegensatz zum → leichten Sitz und zum → Springsitz. Der Reiter soll im Dressursitz, sein Gewicht gleichmäßig auf beide Gesäßknochen und das Schambein verteilt, aufrecht und geschmeidig im Sattel sitzen. Die Hauptmerkmale des Dressursitzes sind: Gerader Oberkörper, aufrecht getragener Kopf, leicht zurückgenommene Schultern, mäßig angezogenes Kreuz, leicht an den Hüften anliegende Ellenbogen, guter → Knieschluß, mit flacher Wade anliegende Unterschenkel, leicht herabgedrückte Absätze (tiefster Punkt des Reiters), parallel zum Pferdeleib verlaufende Fußhaltung (s. Illustration S. 49ff.).

Sporen Hilfsmittel des Reiters, die an den Stiefeln festgeschnallt werden. Sporen dürfen nur von schon fortgeschritteneren Reitern getragen werden, da sie eine kontrollierte und ruhige Bein- und Fußhaltung voraussetzen (s. S. 19).

Springsattel Spezialsattel zum Springreiten. Um einen optimalen Halt im Sattel zu gewährleisten, sind die Sattelpauschen (s. Illustration S. 22) verstärkt und die Sattelblätter stark vorgebaut (s. Illustration S. 21).

Springsitz Sitz des Reiters, um auf die Bewegung des Pferdes im Sprung eingehen und um außerdem die größtmögliche Entlastung des Pferderückens erreichen zu können. Im Springsitz sind die → Steigbügel zwei bis drei Löcher kürzer geschnallt als beim → Dressursitz. Der Reiter kommt mit dem Gesäß fast ganz aus dem → Sattel und hat den Oberkörper vorgeneigt. Die Hände mit den → Zügeln stehen rechts und links unterhalb des Mähnenkamms (→ Mähne). Oberschenkel und Knie liegen fest am Sattel an. Die Absätze bilden den tiefsten Punkt des Reiters (s. Illustration S. 118).

Starker Galopp Eine deutliche Steigerung dem → Mittelgalopp gegenüber. Das Pferd galoppiert raumgreifender, wirkt im ganzen etwas gestreckter und holt aus der → Hinterhand höchste Energie.

Starker Schritt Dieses → Tempo im → Schritt ist raumgreifender als alle anderen Schrittempi. Die Hinterhufe sollen hierbei deutlich über die Spuren der Vorderhufe hinausgreifen.

Starker Trab Dieses Gangmaß (→ Tempo) bedeutet die höchste Kraftentfaltung im → Trab. Der starke Trab unterscheidet sich vom → Mitteltrab deutlich dadurch, daß das Pferd besonders kräftig aus der → Hinterhand tritt. Der Gesamteindruck des Pferdes, der Rahmen, ist gestreckter.

Steigbügel Teil des → Sattels. In die Steigbügel steckt der Reiter seine Füße.

Stellung Gemeint ist das Hineinnehmen des Pferdekopfes nach rechts (Rechtsstellung) oder links (Linksstellung). Hals und Rumpf bleiben geradegerichtet (s. S. 95ff.).

Stoßzügel → Hilfszügel, der an einem Ende unter dem Pferdebauch am → Sattelgurt festgeschnallt wird, zwischen den Vorderbeinen des Pferdes nach vorne durchläuft und am anderen Ende in den Trensenringen (→ Trense) befestigt wird.

Stute Weibliches Pferd.

Tempo (Tempi) Die verschiedenen Gangmaße einer Gangart. Die Tempi des Galopps sind z. B.: Arbeitsgalopp, Mittelgalopp, versammelter Galopp und starker Galopp.

Tête Der Anfang einer Reit-→ Abteilung.

Trab Zweitschnellste Gangart des Pferdes im Zweitakt. Man spricht bei dieser Gangart von Trabtritten, die das Pferd, je nach den verschiedenen Tempi (→ Tempo) des Trabs mehr oder weniger ausdrucksstark, ausführt. Die Tempi des Trabs sind: Arbeitstrab, → Mitteltrab, → versammelter Trab und starker Trab (s. S. 80ff.).

Treiben Das Pferd durch verstärkten Druck der Schenkel oder durch leichtes Klopfen gegen den Leib vorwärts treiben.

Treibende Hilfen → Schenkelhilfen, → Gewichtshilfen und → Kreuzeinwirkung.

Trense Im Vergleich zur → Kandare die normale und am meisten verwendete Art der → Zäumung. Die beiden in Deutschland gebräuchlichsten Trensen sind: Das → Hannoversche Reithalfter und das → Englische Reithalfter. Illustration auf S. 24 zeigt, wie die einzelnen Teile der Trense benannt sind.

Versammelter Galopp Er soll sich durch Schwung und höchste → Versammlung des Pferdes auszeichnen. Der Hals richtet sich mehr auf, der Gesamteindruck ist erhabener. Das Pferd soll im versammelten Galopp mehr Gewicht mit der → Hinterhand aufnehmen und dadurch die → Vorderhand entlasten. Die Hinterhand senkt sich, und die Vorderhand richtet sich vermehrt auf. Der Reiter muß hierbei die → treibenden und → verhaltenden Hilfen besonders exakt kombinieren können.

Versammelter Schritt Wie stets bei der → Versammlung des Pferdes soll der Gesamteindruck erhabener und ausdrucksvoller sein. Die → Hinterhand trägt mehr als die → Vorderhand. Bei einem exakt gerittenen versammelten Schritt sollen die Hinterhufe etwas hinter den Spuren der Vorderhufe auffußen.

Versammelter Trab Die → Hinterhand des Pferdes nimmt das Gewicht vermehrt mit der Hinterhand auf, um die Vorderhand zu entlasten. Die Trabtritte wirken erhabener, der Hals richtet sich mehr auf, und der Gesamteindruck des Pferdes ist sehr schwungvoll.

Versammlung Unterstützt durch die → treibenden und → verhaltenden Hilfen des Reiters, nimmt das Pferd mit seiner → Hinterhand mehr Gewicht auf und entlastet dadurch seine → Vorderhand. Es tritt erhabener, ausdrucksstärker und schwungvoller.

Verwahrender Schenkel Der bei einer → Biegung oder → Stellung des Pferdes jeweils äußere Schenkel des Reiters, der eine Handbreit hinter dem → Sattelgurt liegt und der als Ausgleich zum inneren, treibenden Schenkel (→ Treiben) einen leichten Gegendruck erzeugt.

Vielseitigkeitssattel Ein → Sattel, der für den normalen Freizeit- und Hobbyreitsport verwendet wird. Er stellt einen Kompromiß zwischen den beiden Spezialsätteln, nämlich dem → Dressur- und dem → Springsattel dar (s. Illustration S. 21).

Vorderhand Der vordere Teil des Pferdes; bestehend aus: Kopf, Hals, Schultern, Widerrist, Brust und Vorderbeinen. Im allgemeinen spricht man von Vorderhand und nicht von der Vorhand. Die Ausnahme ist der feststehende Ausdruck: Wendung auf der Vorhand.

Wallach Kastrierter → Hengst.

Wendung auf der → Hinterhand Reitübung, bei der das Pferd im Halten trittweise mit seinen Vorderbeinen um die → Hinterhand tritt. Der Reiter bringt das Pferd in eine → Stellung nach der Seite der Wendung (keine → Biegung) und muß durch exakte → Hilfen (-gebung) ein Vor- oder Zurücktreten des Pferdes verhindern (s. S. 101).

Wendung auf der → Vorhand Das Pferd hat, wie bei der Wendung auf der Hinterhand, eine leichte → Stellung nach der Seite der Wendung (keine → Biegung). Durch exakte → Hilfen(-gebung) treibt der Reiter die Hinterhand des Pferdes Tritt für Tritt um dessen Vorderhand herum. Die Vorderbeine des Pferdes dürfen dabei lediglich auf der Stelle treten. Vor- oder Rückwärtstreten ist fehlerhaft (s. S. 99f.).

Zäumung Das komplette Kopfgeschirr des Pferdes. Am häufigsten werden → Trense oder → Kandare verwendet.

Zirkel Ein Kreis von etwa 20 Meter Durchmesser, der in der → Reitbahn geritten wird (s. Illustration S. 108ff.).

Zügel Die Riemen, die jeweils seitlich vom → Gebiß des Pferdes zur Reiterhand führen und mit denen der Reiter Einwirkung auf das Pferdemaul hat (s. Illustration S. 24).

Zügelhilfen Durch eine möglichst feine und weiche Verbindung zwischen Reiterhand und Pferdemaul sollen die Zügelhilfen dem Pferd den Willen des Reiters klarmachen. Zügelhilfen sind → verhaltende Hilfen, die jedoch stets in Verbindung mit → treibenden Hilfen gegeben werden müssen (s. S. 62ff.).

Organisationen

Hier nur einige wichtige Adressen, bei denen Sie Anschriften von Reitervereinen und -organisationen erfragen können:

Deutsche Reiterliche Vereinigung, Lönsstr. 13, 4410 Warendorf

Hauptverband für Zucht und Prüfung deutscher Pferde (FN), Freiherr-von-Langen-Str. 13, 4410 Warendorf

Stiftung Deutsche Sporthilfe, Otto-Fleck-Schneise 12, 6000 Frankfurt a. M. 71

Deutsches Olympiade-Komitee für Reiterei e. V. (DOKR), Lönsstraße 15, 4410 Warendorf (Westf.)